华为组织激活

彭小勇 著

中信出版集团 | 北京

图书在版编目（CIP）数据

华为组织激活 / 彭小勇著 . -- 北京：中信出版社，
2020.10（2025.8 重印）
ISBN 978-7-5217-2077-8

Ⅰ . ①华…　Ⅱ . ①彭…　Ⅲ . ①通信企业－企业管理－
经验－深圳　Ⅳ . ① F632.765.3

中国版本图书馆 CIP 数据核字（2020）第 136775 号

华为组织激活

著　　者：彭小勇
出版发行：中信出版集团股份有限公司
（北京市朝阳区东三环北路 27 号嘉铭中心　邮编　100020）
承 印 者：北京盛通印刷股份有限公司

开　　本：787mm × 1092mm　1/16　　印　　张：17.5　　字　　数：206千字
版　　次：2020年10月第 1 版　　印　　次：2025 年 8 月第 3 次印刷
书　　号：ISBN 978-7-5217-2077-8
定　　价：59.00元

推荐语

华为从20世纪80年代末起步，到21世纪的今天已经是一家世界级的领先公司，证明了中国公司在全球高科技竞争中完全可以占有一席之地。华为为什么能在科技创新方面取得突破？这是社会非常关心的问题。作者通过自身在华为的工作经历，总结了华为成功背后的关键驱动要素，从组织激活和群体奋斗的角度系统阐述了华为激发组织活力，增强组织能力，提高组织绩效的底层逻辑、方法和管理实践；通过大量的案例和实践，生动呈现了华为群体奋斗的激情、创造力和精神，值得推荐、学习和借鉴。恰如作者所言，概括华为最贴切的词是奋斗，而且是群体奋斗，正因为创始人任正非和广大华为员工不畏艰险、永不满足、长期奋斗，才有今日华为引领世界的高度！

秦朔，人文财经观察家，中国商业文明研究中心发起人

华为的快速发展和巨大成就是中国改革开放以来经济发展的一个缩影，也是中国企业从小到大、由弱变强的时代楷模。中国经济的快速发展得益于良好的政治环境，持续的改革开放充分调动了生产要素的积极性，从而产生了巨大的社会、经济发展成就。企业也一样，彭小勇以亲身实践，深入浅出地剖析了华为取得巨大成就的驱动机制和要素，即充分激发组织活力，激发广大员工的积极性和创造性，并辅以大量的事实

和案例，条理清楚，值得推荐！

王大树，北京大学经济学院教授、博士生导师，
国务院发展研究中心原高级研究员

任正非先生是我最崇拜的企业家，这源于我与他的经历极为相似，任正非先生出生于贵州山区，从部队转业后在43岁创办华为；我出生于鄂西山区，作为乡镇公务员“下海”，在40岁创办杰普特；我们都是从零起步，其中的主要创业搭档都毕业于武汉的华中科技大学。我刚开始创业时，华为已是全球知名的通信设备供应商。对于任正非先生的讲话以及有关华为的报道，我都会认真学习揣摩。我特别欣赏华为“以客户为中心，以奋斗者为本”的企业文化，以及“力出一孔，利出一孔”的定力。华为的管理，大道至简，朴实无华。《华为组织激活》的作者彭小勇曾经在华为工作多年，离职时间不长，是华为奇迹的参与者，他从一个全新的视角解读华为管理之道，引用的案例严谨翔实，值得深入研读，本人受益匪浅。

黄治家，深圳市杰普特光电股份有限公司董事长

序一

华为取得了举世瞩目的成就，成为中国民营企业的一面旗帜。华为在创新能力和企业管理能力方面是业界标杆；任正非更是中国企业家的榜样。华为有太多东西值得其他企业借鉴和学习，我们也一直在研究华为，向华为学习成为企业不断成长、不断进步的不竭动力。

这本书从组织激活这个独特的视角出发，总结华为激发组织活力，提升组织能力，提高组织绩效的底层管理方法、逻辑和具体实践，揭示了华为成功的核心秘诀，即充分激发组织活力，依靠群体奋斗，极大地发挥广大干部员工的积极性和创造性，从而创造出巨大的社会价值，积累了无数的物质财富。华为也因此取得了辉煌的成就。

中华民族能够屹立于世界民族之林，依靠的是奋斗；华为能够取得如此巨大的成就，依靠的还是奋斗。优秀的企业往往是相似的，它们作战勇猛、“民风”彪悍、群情激昂、敢打敢拼、攻无不克、战无不胜，它们的执行力和效率是一般企业不能比拟的。就像这本书提到的那样，战略不是规划出来的，是在实战中打出来的；将军不是培养出来的，也是在实战中打出来的，是在实战中选拔出来的。

激发组织活力，调动组织成员的积极性，凝聚人心，打胜仗始终是一个企业最重要的工作之一。这本书提供了很好的视角，从华为内部案例、保持开放、打破平衡、厚积薄发、战略执行力、以客户为中心、以奋斗者为本、自我批判、干部管理、变革管理等方面系统性地阐述了华为组织激活的成功实践。

经营企业始终困难重重，如履薄冰，正如任正非说的那样：“华为没有成功，只有成长。”惶者生存。骄傲自满、丧失危机意识恰恰是企业最大的危机。

当前，宏观环境面临诸多不确定因素，风险加大，竞争激烈，增长乏力，“活”下去成为企业最高纲领。作为企业，只能去适应环境，不断学习，修炼“内功”，提升组织能力和战斗力，不断奋斗，才能对抗危机，赢得未来！

胡志滨

江西金力永磁科技股份有限公司创始人

瑞成（香港）有限公司董事局主席

中瑞智慧国际控股有限公司董事长

序二

近年来，关于华为管理的书有很多，有关于业务流程的，有关于绩效管理的，有关于组织建设与战略管理的，林林总总，确实也给各行各业的管理者和企业家的管理实践提供了有益的帮助和借鉴。但读过之后，大多会有雷同之感，知识点、关注度甚至读前的新鲜感和迫切性都会越来越低。《华为组织激活》从一个较为独特的视角出发，从华为内部三个案例入手，剖析华为在三个重要发展阶段组织管理模式的变革，以激发组织活力，增强组织能力，提升组织效率，减少组织内耗为着眼点，全面深入解析各阶段华为发展瓶颈与系统性管理难题，引出华为如何通过管理变革和组织革新成功地解决了华为在由小到大、由弱到强的发展过程中许多看似“不可能完成的任务”，最终成为世界领先科技创新企业。面对复杂的内外部挑战，华为以“夫经略大事……智者了然于胸”的中国智慧，冷静审视，沉着应对，于危境中求生图强。《华为组织激活》是一本有深度和广度的管理方面的好书。

正如这本书所总结的，华为提倡“以客户为中心，以奋斗者为本，坚持自我批评，持续管理变革”的价值理念，全方位多维度激发组织活力，以创造更大价值。通过这本书，我们也更加清晰地明白，人才只有通过管理才能为企业创造价值。如何激活组织，管理好人才，使组织和人才发挥更大价值，创造更多财富，是摆在企业家及企业高层管理者面前最重要的课题之一。

社会在发展，时代在变迁，市场在变化，企业也在发展的滚滚洪流中起伏，如果企业家、企业管理者不与时俱进、勇于变革，而是墨守成规，那么企业终将被时代洪流淹没。《华为组织激活》融入了华为最新的管理思想与管理探索，面对当下严峻的经济环境和高度不确定的市场变化，更具现实指导意义。

最后想与各位分享的是，学习任何管理思想、方法或工具模板等，都只是为自己的管理库添加了解题思路和工具箱，若不加分析地生搬硬套，最终的管理效果就会大打折扣。管理之道，运用之妙，存乎一心。当自己的思想库积累了多种管理理念与思想维度，而管理库又有各种实用管理工具时，面对发展瓶颈与管理难题，冷静深入地分析，系统性思辨，抽丝剥茧，找出问题的关键核心，对症施策，并在实施中不断检讨改进，才能最终使管理工作得心应手，使企业从优秀走向卓越。

肖铿

深圳可立克科技股份有限公司董事长兼总经理

序三

市面上关于华为的图书有很多，我也读过不少。《华为组织激活》很值得一读，不仅研究企业管理和大企业案例的学者要看，以我经营上市公司的亲身体会，我还要特别推荐企业经营者看，无论你经营的是中小型初创企业，还是上市公司或大型企业，都会有不少收获。

这本书始终围绕组织激活这个主题，从鲇鱼效应、人性弱点、熵增定律等理论展开，让人们认识到组织激活的底层逻辑，接着从开放、打破平衡、厚积薄发、战略管理、以客户为中心、以奋斗者为本、坚持自我批判、干部管理和组织变革等方面探讨华为激活组织的具体措施和管理办法。对于华为的这些理念，虽然我们也不陌生，但可能只停留在表面，《华为组织激活》进行了完整呈现，不仅介绍了华为这些理念的打造背景，以及任正非为了推行这些理念而做出的具体讲话和部署，还介绍了具体措施的实施结果，完整真实，使我们可以更精准地理解和吸收华为的经验。

企业与企业之间的差距，很大一部分来源于企业学习能力和企业文化的差距。优秀的公司学习能力强，能够去伪存真，不断吸取养分，快速成长；平庸的公司不开放或不善于学习，最终落后。更有甚者，认为学习无用，向大公司，如华为、阿里巴巴、腾讯等学习无用，这是很致命的。最致命的是“不学习”的企业文化。一切优秀者都值得学习，关键在于学习意愿、学习能力、学习方法和学习氛围。

我们必须打造学习型组织，打造拥有正能量的企业文化和核心价值观，因为企业文化是企业安身立命之本。企业文化与核心价值观不能错乱，也不能相互冲突，要统一思想，统一认识，统一步调。核心团队承担企业文化和价值观的传承使命，这种传承不是说教，更多的是身体力行。

我时常提醒自己注意中年危机，尽量避免成为“油腻大叔”，其实，经营企业也要避免中年危机，要时刻有危机感。正如彭小勇所说，企业上市或规模大了，积累了一些资产和现金，容易丧失危机感，变得惰怠和骄傲；我们必须把握产业生命周期原理，提前布局，把积累的物质和财富投入新的产业，包括与新产业相关的技术和产品等；如果旧的产业内还有机会，可以将多余的物质和财富投入新产品的研发、新组织能力的建设等。人到中年，要注意每年体检，因为身体机能开始走下坡路，同样的道理，企业要保持商业和产业的敏锐度，合理布局，激活组织的方式方法一定要对，比如不能用积累的财富胡乱投资。因此，企业度过中年危机的最好办法就是蓄积新的势能，它可以是新技术、新产品、新的组织能力及所需人才队伍建设等。

任正非曾表示，华为没那么伟大，华为的成功也没什么秘密！华为为什么能成功，华为就是最典型的阿甘，阿甘就一个字“傻”。是的，阿甘精神就是目标坚定、专注执着、默默奉献、埋头苦干！这也是我自己的学习心得——执着地“傻”干！与大家共勉。

刘宜云

江西世龙实业股份有限公司董事长

序四

华为过去的成功使人们对华为的管理充满兴趣。管理学是有普世意义的，更何况华为的管理体系是在30多年的发展过程中，借助多家世界顶级咨询公司的智慧逐步建立起来的，在实际业务中得到了很好的应用与验证，对中国其他企业的价值不言而喻。目前市场上有关华为管理体系的书有很多，有华为人自己编写的，也有专家学者们基于各自领域的研究而编写的，但似乎仍然无法完全满足各界人士了解华为的渴望。作为企业的管理者，我们希望了解华为，更希望见贤思齐，能够向华为学习，使自己的企业持续稳定地发展，成为能为客户创造更多价值的行业领先者。

该书作者彭小勇就是这样一位优秀的向导。他在华为工作多年，离开华为后又作为上市公司高管、投资人、管理咨询顾问接触过很多企业，有着作为局中人深度参与华为管理的经验，也有作为局外人对华为管理的客观思考和总结，同时对各类企业的发展瓶颈、痛点与需求有深刻的理解。这些丰富的职业经历使他领悟到了华为管理体系的关键——组织激活，并以此为主线，在该书中用系统的方式，从专业的角度，结合生动的案例，把华为管理哲学和华为管理实践客观、立体地呈现出来。这种呈现使读者不仅能够清晰地了解华为的管理思想，而且能够明确地看到华为是怎么将这些看似虚无的理念落到实处的。管理大师彼得·德鲁克认为，“管理是一种实践，其本质不在于

‘知’，而在于‘行’”。这本书最大的优点就在于它是能够真正有助于“行”的。

华青翠

深圳市同益实业股份有限公司总裁

序五

经常会有朋友或学员请我帮忙推荐一些书，我都予以拒绝，原因是我认为“真正的好书不多且读书也是个技术活”。有些作者为了书的可阅读性，难免做些“策划与包装”，如果不能明白个中精髓，反而把自己害了。就像有些企业经营者读完了总裁班，公司却垮了！

那么我为什么要推荐彭小勇的《华为组织激活》这本书呢？基于以下三点原因：

一是我在研祥工作负责业务期间，作为研祥“华为业务项目组”的组长与华为有过长时间及深入的合作交往，深刻体会到华为很多成功的做法是值得中国广大企业学习与借鉴的，而《华为组织激活》很好地阐述了“华为取得成功的某些基因及在组织激活方面的卓越成果”，希望通过推荐能让广大读者学习、成长，尤其希望企业家朋友能学以致用。

二是以优秀企业为描述对象的书最怕作者是“局外人”，如果作者是“局外人”，难免雾里看花、道听途说、猜测臆断，无法深刻理解优秀企业成功的内在核心与执行过程中的关键要素，也就少了学习后的可落地性。而这本书的作者彭小勇在华为不同岗位工作多年，是华为组织激活的见证者、参与者、执行者，用自己的切身感受与收获写出的书一定更有灵气、更接地气。

三是在写序之前我有幸先通读了这本书的内容并与彭小勇有过足足一下午面对面的深入交流。书中的内容给我一种耳目一新、脚踏实地的感觉，结合我对企业发展的理解，我认为《华为组织激活》中关于组织激活的逻辑、方式、方法、工具一定能对其他企业在组织激活方面起到非常好的作用。同时在与彭小勇的交流中，他对于企业在组织激活方面的理解与建树让我备感敬意，他的“来源于企业，服务于企业，注重成果落地”的写作出发点从根本上确保了这本书的可读性与有效价值。

虽然大部分企业只能仰视今天的华为，但如果能躬身学习华为的组织激活，也许就能激活自身。

樊小宁

深圳直线高科技控股集团董事长

中国管理咨询业实战名家

研祥智能科技股份有限公司原副总裁

前言

2013年，我从华为离职，却不曾想，自身已被深深地打上华为的烙印。后来，我相继在投资集团、上市公司任职，华为的印记时刻影响着我，对华为的认可和不自觉地坚持华为的文化，几乎体现在我职业生涯的每一个阶段。例如，无论何时，始终坚持做一名奋斗者，已深入血液，无须鞭策，已成习惯。

事实上，在华为工作的时候，我对华为管理没有太多思考，或许是因为沉浸在具体的事务当中，“不识庐山真面目，只缘身在此山中”。年龄的增长和不同的工作历练，使我越发认识到华为管理的博大精深，个人体会主要有以下几个方面：一是华为经过这么多年的发展，大部分事情“想”得比较透，做事情有方法论和逻辑，不是凭印象和感觉做事。例如，华为的企业文化中有大量的材料和事实说明，为什么要以客户为中心，以奋斗者为本，长期艰苦奋斗，坚持自我批判，以及这几个点的逻辑关系是什么。这样做的好处是，企业文化能够真正被员工理解并认同，极大地降低了管理成本。二是经过多年管理变革，华为已经形成制度化、流程化管理体系，对目标负责，对制度负责，对流程节点负责，而不是对人负责。三是华为的管理是源于对自然规律、社会规律及企业发展规律的正确认知而采取的务实管理，特别要强调的是务实管理，既不过度，也不失控，怎么有利于企业就怎么管理。比如，任正非的“灰度”哲学；以客户为中心，而不是以老板为中心；以奋斗者为本，不让“雷锋”吃亏；不搞形式主义，任正非本人轻车简行，本质上都是务实管理。又比如，华为的绩效管理，并没有过度复杂，过度关注考核工具和指标的多少，没有形成内耗，但形成了绩效文化，提升了组织执行力。四是华为的管理是充分理解人性又控制人性弱点的管理。首先，任正非作为公司创始人，抵制了虚荣、名誉、金钱、地位的诱惑，更多地回归企业经营本身；其次，华为更多地理解员工基本需求，给予高激励，又认识到人有惰性，时刻鞭策员工进步和成长。

由于工作关系，我接触了大量企业，包括知名上市公司在内的不同规模、不同行业、处于不同发展阶段的民营企业和国有企业，特别是又亲身经历了几家公司的管理变革，让我对企业管理的认识有了进一步的提升。坦率地说，中国企业的管理现状不容乐观，管理水平参差不齐，管理能力有待提升，中国企业的整体管理水平还比较差，甚至很多企业不懂管理。不要说制度化、体系化，就连最基础的考核、监督、授权、分权、激励都还比较粗放，越是与华为这样优秀的企业比，就越感觉差距巨大。

客观上讲，华为做得好的地方太多，各类专家学者的总结也非常多，想通过一本书深入理解华为的管理很难。这些年我也一直在关注华为，并不断总结，提炼华为的管理经验，无奈水平有限，没有太多深入的理解。华为值得总结和提炼的地方太多，但隐约有一条主线，即华为很多管理的动作和着眼点都是在激发组织活力，增强组织能力，提升组织效率。这一主线几乎体现在华为管理的各个方面：战略定力与闭环，保证企业对标大目标的定力，不松懈、不偏航；激发型组织体系和人才机制，驱动队伍聚焦价值创造，强调奋斗才能创造价值，远离安逸的舒适区；拉开差距的考核与激励，激发组织打破平衡，避免熵增；领导力工程激发企业指挥系统活力，灌注责任和使命；路标体系和赛马机制，牵引人才辈出和即时能力布局；创新管理驱动业务和产品保持领先，不僵化守成等。本质上都是在激发组织活力，增强组织能力，提升组织效率，从而聚焦价值创造。这样的管理制度设计和实施，确保了华为的竞争优势和行业领先地位。从结果来看，华为的战斗力、执行力和组织活力难有敌手。

改革开放40多年，中国经济从飞速发展到稳健前行。伴随产能过剩、国际局势变幻莫测、人口红利消失、宏观经济增长大幅放缓，企业面临空前挑战，竞争激烈，利润变薄，增长乏力。在充分竞争时代，企业靠什么取胜？上半场靠机会、胆大、信息、资本取胜。下半场，野蛮生长结束，企业只有在创新和管理上下功夫才能不败。企业必须转变经营方式，由粗放式管理向精细化运营转变，由低端产品加工向核心技术创新转变，由传统的营销模式向新媒体、数字化营销转变。我们粗略分析如下：

一是竞争加剧，生意越来越难做，同质化严重，产能过剩是各行业面临的主要问题。这种情况必然要求企业提供更具竞争力的产品。只有通过创新，才能提供更具竞争力的产品，才能脱颖而出。

二是管理能力成为企业取胜的法宝。企业的竞争是产品创新和质量的竞争；是人均产出的竞争，同样的成本，产出更多的获胜；是组织效率的竞争，同样的产品，谁的反应更快，谁就能获得客户的订单；是客户服务能力和水平的竞争，谁能更好地为客户服务，提高客户满意度，谁就能获取订单；是组织活力、组织能力及组织抗摔打能力的竞争，谁能在逆境中生存，在风雨中成长，谁就能获胜……而这一切都依赖企业的管理能力，创新本身也是管理能力的体现，不是有钱就能创新。因此，下一阶段，经济下半场的竞争比的是企业的经营管理能力。更准确地说，在竞争激烈的下半场，企业管理能力比以往任何时候都要重要。

三是由于近几年移动互联网的迅猛发展，以及逐步占据主流的新生代消费者的消费偏好，线上业务将越来越被重视，这将加速企业经营模式、营销方式及消费者触达模式的转变和创新。但仍然有部分企业对移动互联网业务，尤其是 ToB 业务认识不足，营销模式仍然是传统的代理模式，与营销趋势的发展严重脱节。但我们也看到，很多企业在营销模式上正在与趋势接轨：长虹集团作为传统的家用电器公司，近段时间通过直播带货模式，仅 2 个小时，销售额就超过 1 亿元；慕思床上用品通过直播带货，仅用了一周的时间就销售 12 万单，这是传统渠道难以做到的。一大批优秀的企业家也走进了直播间，与消费者面对面地交流，售卖产品。可以预想，随着 5G 技术的普及，以视频为主的新媒体营销模式将成为主流，企业必须适应新的增长和传播方式，以助力企业成长。这体现了当下企业创新的重要性。

四是在创新和管理上做得很好的是华为。通过多年发展，华为在通信设备等多个领域排名世界第一，又在 5G 技术中傲视群雄，而且 ToB（通信设备）和 ToC（手机等）两种业务模式均取得了巨大成功。同时，华为在过去 20 多年，不断引进世界顶级咨询公司的管理经验，加强管理，不断突破，目前已成为国内管理体系最完整、管理能力最强的世界 500 强企业之一，这是华为在面对疲软的宏观经济形势和西方大国极限的打压仍能屹立不倒的重要原因。某种程度上说，华为的发展模式代表中国企业未来的发展模式，华为走过的路是很多企业即将要走或正在走的路，即企业加强创新和管理是中国企业从加工制造到创造、从小到大、由弱变强的必经之路，这是历史的必然。

回顾华为的发展史，我始终认为奋斗是概括华为特质和华为成功的最合适的词语，除此之外，没有任何一个词语比奋斗更贴切，而且这里的奋斗是指群体奋斗，这正是我写作本书的出发点。总结华为的管理经验，期待能给企业家朋友和管理者带来更多真实、准确、直击事物本质的管理逻辑和管理思想。由于发展时间短，基础弱，中国企业太需要接地气、实用且能够启发深度思考的管理逻辑和管理思想，这是本书当下的现实意义之所在。

可以预见的是，无论从哪个维度讲，中国市场的巨大潜力和韧劲仍然是极具吸引力的，中国政府的效率和执行力是世界罕见的，中国人民的奋斗精神是全世界少有的。只是，企业下一个阶段的竞争不可能还是粗放式的，企业只有在创新和管理上下功夫才能赢得未来。

组织是指为实现特定目标，互相协作结合而成的集体或团队，如社会组织、企业、军事组织等。组织激活是指激发组织活力，提升组织整体能力，提高组织效率。这里主要是指把组织作为整体，通过组织优化、组织变革、组织管理、组织效率提升、领导力提升及组织个体激活等与组织活力相关的要素的激发，提升组织的战斗力、执行力和效率，以更好地达成组织目标。在实践中我们发现，一个企业的成败与组织激活密不可分，组织激活往往是关键因素。本书重点研究华为组织激活的成功经验与实践，供各位参考。

本书是自己对多年企业管理经验的思考和总结。因个人水平有限，难免有错漏之处，欢迎大家批评指正！

彭小勇

深圳

目录

第一章　透过三个案例看华为的管理思想 1

1996 年市场部大辞职 3

2007 年华为集体大辞职 5

2018 年降低公积金缴费比例 6

第二章　熵增定律 9

什么是熵、熵增 11

熵增是自然规律，普遍存在 12

企业熵增 16

耗散结构 24

第三章　保持开放，激活组织 37

开放是纲领，是信条：把开放合作写进《华为公司基本法》 41

开放是华为的经营管理哲学：开放、妥协、灰度 41

战略开放：把主航道修得宽到不可想象 43

竞争开放 45

知识开放：一杯咖啡吸收宇宙的能量 46

学习开放 47

生态开放：团结一切可以团结的力量 49

创新开放：反对封闭式的自主创新 50

人力资源开放：激活组织和人才 52

第四章　厚积薄发，激活组织 57

惶者生存，远离中年危机 59

优秀的企业会建立新的势能 61

华为对厚积薄发的诠释 64

从泥坑中爬起来的是圣人 72

筑巢引凤，全球人才布局 73

第五章　激活组织才能让战略真正落地 75

战略制定和选择为什么艰难 78

做出正确战略决策之后是否就能获胜 81

组织激活对战略落地的意义 87

第六章　以客户为中心，激活组织，瞄准价值创造 91

为什么以客户为中心可以激活组织 93

以客户为中心是所有优秀企业的共同选择 96

华为是如何做到以客户为中心的 98

第七章　以奋斗者为本，激活组织，持续奋斗 117

什么是奋斗者 119

奋斗者和劳动者 122

以奋斗者为本 123

华为如何以奋斗者为本 126

第八章　坚持自我批判，激活组织，持续向前 157

为什么要坚持自我批判 160

华为如何进行自我批判 166

自我批判的价值和影响 179

第九章　管好干部，激发管理层活力 181

什么样的人可以当干部 186

压力管理激活管理层 191

给足动力，激发干部持续奋斗 204

第十章　持续管理变革，增强组织活力 213

企业为什么要进行管理变革 216

管理变革并不容易 218

华为管理变革的背景 222

华为如何进行管理变革 230

总结 247

致谢 251

参考文献 253

第一章
透过三个案例看华为的管理思想

透过现象看本质，向华为学习，如果只看具体做法，
则永远理解不了内核，永远也学不会。华为管理思想几十年来
一脉相承，其逻辑、内核没有变。

1996年市场部大辞职

华为在刚创业的那几年，以贸易为主。华为做过不少产品，通信设备只是其中一种。在朋友的推荐下，任正非开始做PBX（程控交换机）的代理，产品来自香港的一家公司。20世纪90年代，中国的改革开放正如火如荼地进行，电信产品需求旺盛，价格不菲。然而，红利都被国外厂商拿走了，因为国内企业缺乏技术，很少有企业可以研发、制造电信设备，因而无法与国外厂商竞争。"七国八制"说的就是，这个时代的国内电信市场被不同国家的各种电信产品占领。面对国内的现状和巨大的商机，华为从代理走向了自主研发的道路。初期，自主研发的产品有的获得成功，有的并没有获得市场认可。华为真正的爆款产品是C&C08数字程控交换机，这个产品一经问世，就获得了市场的高度认可，毫不夸张地说，C&C08数字程控交换机是奠定华为发展基石的产品。依靠C&C08数字程控交换机的巨大成功，华为完成了创业初期的原始积累，到1996年，华为的销售额已经突破20亿元，员工也从最初的几个人扩张到2 000多人。华为已经从"小作坊"蜕变成了中型企业。然而，这个过程也暴露了华为越来越多的管理问题，公司管理一盘散沙，"诸侯割据"。公司缺乏管理体系和约束机制。更严重的是，一些原先"打天下"的人以功臣自居，不服从管理，沉溺于草莽英雄式的自由、散漫。任正非非常焦虑，他曾在《北国之春》中提道，自己那时候就是"甩手掌柜"，任由各地"诸侯"野蛮施政。这样下去肯定不行，公司没有办法进一步做大，部分干部无法适应未来公司发展需要。因此，任正非找来了孙亚芳（后担任华为董事长），孙亚芳提出，干脆进行市场部大辞职，对落后的干部进行一次大整顿。这就是市场部大辞职的背景。

> 到今年年底前，所有市场部正职干部向公司提交述职报告，在述职报告里检讨1995年的工作，提出明年工作计划，希望在提交述职报告的同时，也提交辞去正职的报告，在两份报告中，公司一定会批准一份。市场部是公司先锋队，以后全公司都要采用这种模式。你应该很愉快地接受新的工作。对所有的正职干部都提出这个要求，办事处主任也可以要求你的下属这样做，今后对干部的管理要有这种层层考核机制。你们应有强烈的危机感，说不清楚怎样管理办事处，说不清楚怎样开拓市场，这样的人是不能当正职的。公司每年会对照述职报告检查工作。
>
> 办事处主任应由原来的公关型转换为策划型，每个办事处都要做出明年的市场总策划，不是市场策划部策划好了，由办事处来干，办事处一定要自己策划，由市场策划部给予技术性的支持和协助。下一届的办事处主任应该从策划型转向管理型。我们告诉大家，就是让大家抓紧学习。你们一定要好好读我的文章，我在做某件事的时候，早在一年前或半年前就埋下了伏笔，大家认真阅读这次企业文化教育中的文件，会从中得到启发。
>
> ——《解放思想，迎接1996年市场大战》，1995年

"主动辞职，重新竞聘上岗"的内部整训运动整整持续了一个月左右，孙亚芳带领团队的26名办事处主任，同时向公司提交两份报告——一份辞职报告，一份述职报告，由公司视组织改革后的人力需要，具体决定接受每名提交报告者的哪一份报告。在竞聘考核中，大

约30%的干部被替换下来。就地下岗，择优录用，华为由此开启了大规模人力资源体系的建设。

2007年华为集体大辞职

2007年6月29日，我国通过《中华人民共和国劳动合同法》（后简称《劳动合同法》），并于2008年1月1日起正式实施。其中第十四条规定，劳动者在该用人单位连续工作满十年的，连续订立二次固定期限劳动合同时，必须签订无固定期限劳动合同，并规定了惩罚条款。华为的人力资源管理制度与《劳动合同法》这条规定相冲突，特别是《华为公司基本法》第六十条规定："我们不搞终身雇佣制，但这不等于不能终身在华为工作。我们主张自由雇佣制，但不脱离中国的实际。"企业必须合规经营，基于这样的背景，任正非指示人力资源部研究如何应对。任正非当时曾在内部会议上讲："华为人年轻，可怕；年轻又有钱，更可怕；年轻有钱，再加上无固定期限劳动合同，华为完了！"可见任正非当时对这一事件的重视。

既要合法，又不能损害企业文化、制度，这才是解决问题的办法。华为的应对措施在内部叫作"人力资源体系变革"，具体举措实际上是员工集体大辞职，然后再集体大入职。

2007年9月初，华为开始筹划集体大辞职方案，9月28日董事会正式发出《董事会关于解除或终止劳动关系的补偿规定》，10月前华为分批次与老员工进行沟通，10月初至11月底实施，在2008年1月1日《劳动合同法》实施之前完成。华为规定，工作满8年的员工如果自愿离职，然后选择再入职，公司将给予"$N+1$"的补偿，本质上，是华为买断了他们之前在公司的工龄。

2018 年降低公积金缴费比例

2018 年 5 月 11 日，住房和城乡建设部、财政部、中国人民银行发布的《关于改进住房公积金缴存机制进一步降低企业成本的通知》（以下简称《通知》）规定：住房公积金缴存比例下限为 5%，上限由各地区按照《住房公积金管理条例》规定的程序确定，最高不得超过 12%。紧接着，北京、杭州等地主管部门进行了政策跟进，也发布了相似规定。在此之前，北京等地很多企业都是按照 12% 的上限缴纳。华为依据《通知》和“同地同标准”原则，将北京、上海、成都、济南、杭州和廊坊等地住房公积金缴存比例调至 5%，与深圳等地缴存标准一致。

以上三个案例发生在华为的不同发展时期，第一个案例解决的是干部能上能下、待遇可升可降的问题；第二个案例明确地表明公司不搞终身雇佣制，并消除了工号文化（工号按顺序排列，越是新员工，工号越大，造成内部论资排辈现象）；第三个案例解决的是公司普惠式的高福利的问题，按贡献进行分配。

这三个案例虽然发生在不同时期，但华为的管理思想始终没变，即始终注重激发组织活力，保持组织战斗力，不让组织安逸和懈怠。在第一个案例中，干部开始安逸和懈怠，需要管理和变革；在第二个案例中，华为不搞终身雇佣制，公司宁愿付出更大的财务成本的本意是，希望员工时刻保持清醒，不要贪图安逸，时刻要有危机感，不要拿“铁饭碗”；在第三个案例中，避免普惠式的高福利，任正非很清楚地知道普惠式的高福利并不能激励员工，因为它不是按贡献激励，也不是拉开差距的激励。

因此，企业管理的核心命题之一是，如何让组织持续保持活力，只有这样，企业才能持续经营。管理者需要有意识地、制度性地让“水”流动起来，让组织成员有危机感、有威胁感。这实际上是一套逆人性本能的制度和安排，让员工远离懒惰、安逸和平均主义，时刻都有危机感，因为企业所处环境本身是充满危机的。

管理的目的是对抗人的惰性。曾国藩曾经说过：“人败皆因懒。”庄子曰：“夫哀莫大于心死，而人死亦次之。”在机会均等的情况下，一个人能否有所作为，主要看他能否克服惰性。惰性是人的本能，某种程度上是“自我保护机制”。管理的目的是克服人的惰性，这个过程是痛苦的，但前途是光明的。

不仅仅是以上案例，事实上，组织激活贯穿华为管理的始终。在华为发展还不错的时候，任正非大谈《华为的冬天》；因5G技术受美国打压，任正非表示华为比以往任何时候都要好；华为的企业文化管理、“以客户为中心”的思想、人力资源管理、干部管理、压力管理、末位淘汰、自我批判、管理变革，甚至创新管理等都是在激发组织的活力、创造力和战斗力。

因此，我们可以说，组织激活是华为成功的秘密，贯穿始终！

引申：鲇鱼效应

挪威人爱吃沙丁鱼，渔民在海上捕得沙丁鱼后，如果能让它们活着抵港，卖价就会比死鱼高好几倍。但是，由于沙丁鱼生性懒惰，不爱运动，返航的路途又很长，捕捞到的沙丁鱼往往在回到码头时就死了，即使有些还活着，也是奄奄一息。只有一位渔民的沙丁鱼总是活的，而且很生猛，所以他赚的钱比别人多。该渔民严守成功秘密，直到他死后，人们打开他的鱼槽，才发现只不过是多了一条鲇鱼。原来，鲇鱼以小型鱼类为主要食物，被装入鱼槽后，由于环境陌生，就会四处游动，而沙丁鱼发现这一异己分子后，也会紧张起来，加速游动，如此一来，沙丁鱼便能活着回到港口。这就是所谓的“鲇鱼效应”。运用这一效应，通过个体的“中途介入”，对群体起到刺激作用，让“沙丁鱼”不再安逸，从而激活整个组织。

第二章
熵增定律

熵增无处不在，企业的奋斗史是与熵增做斗争的历史。

组织的“黑洞”是懒惰，组织管理的目的

是对抗惰性。从熵增到熵减，就是从

黑夜到光明。

第二章

[illegible]

什么是熵、熵增

当我跟熟悉的朋友提到“熵”这个概念时，大多数朋友首先会问，这个字读什么？

火字旁，加一个商业的商，它仍与商同音。仅仅从字面上看，它似乎跟热量有关，而商又有揣度、估量的含义，那么，我们可以很朴实地认为，熵是“热的计量”。

熵的概念是德国物理学家鲁道夫·克劳修斯（Rudolf Clausius）首次提出的，用来表示任何一种能量在空间分布的均匀程度，能量分布得越均匀，熵就越大。一个体系的能量完全均匀分布时，这个系统的熵就达到最大值。在克劳修斯看来，如果听任一个系统自然发展，那么，能量差总是倾向于消失的。将一个温度高的物体同一个温度低的物体接触，热量就会以如下方式流动：温度高的物体的温度将降低，温度低的物体的温度将升高，直到两个物体达到相同的温度。也就是说，封闭的系统最终会达到热平衡，没有温差，不再做功，这个过程叫熵增。因此，热力学第二定律也被称作熵增定律。简单理解就是，熵是无序的混乱程度以及势能的消减，熵增是世界上一切事物发展的自然倾向，即从井然有序走向混乱无序（见图 2－1），丧失活力，最终灭亡。若无外力，自然界的万事万物均逃脱不了熵增的魔咒。

任何一个系统的能量都是由有效能量和无效能量构成的。所谓有效能量，就是可以做功的能量，比如，山顶上的大石头相对于山脚的重力势能、汽油燃烧产生的对于发动机活塞的压力。所谓无效能量，就是不能再被利用的能量，比如，已散布到空气中的蒸汽机余热。

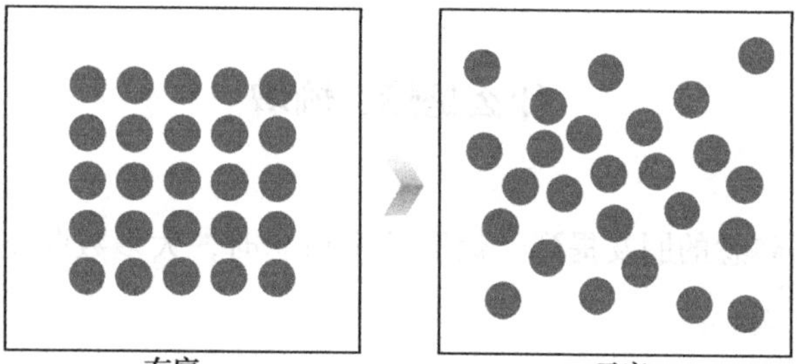

图2－1　熵增现象

当一个系统的能量完全均匀分布时，这个系统的熵就达到了最大值，也就是所谓的"绝对的平衡态"。绝对的平衡态意味着势能（有效能量）的消失，这个系统就再也不能做功。就像江水，如果没有水位的落差，它就无法流动，无法再做功，船也无法顺江而下。如果空气没有温差，空气就不会流动，也就没有风，没有气流，蒸腾作用产生的水汽也不会从海面上空随着气流飘到大陆上空，雨水也不会降下来，那么整个陆地世界可能就会成为超级沙漠。

熵或者熵增，本身没有好坏之分，它们只是一个客观概念。熵增意味着有效能量的丧失，无序混沌、一潭死水状态的增多，这自然不符合人类发展的需要，因为人类发展的各个方面，都意味着对势能的利用以及对规则和秩序的追求。

熵增是自然规律，普遍存在

为什么宇宙万物的熵趋向于增加？为什么如果听任一个封闭系统自由发展，能量差总是倾向于消失？也就是说，为什么在一个封闭的系统内，熵会自动增加？

我们大多数人应该知道分子运动的随机性。构成各类物质或系统的分子的数量非常多，而单个分子的运动本质上都表现为随机、无规则。分子各自做着布朗运动（微观粒子所做的永不停息的无规则运动）。任何一个系统都是由数量非常庞大的分子构成的，而每个分子的运动，在每个时点的角度、频率、速度、动量等都是不同的，它们向每个方向运动的可能性，从概率统计上看都是均等的，它们随时可能向任何方向运动。比如，某个分子向某个方向运动的概率可能为1%，也就是，它有99%的概率不是朝着我们期望的方向运动，因此要让这个系统整体体现出向某个方向运动的秩序性，这个系统内的多数分子必须同时向这个方向运动。这个概率极低，相当于一个猴子用键盘完整地敲出莎士比亚的《罗密欧与朱丽叶》的概率。也就是说，一个封闭的系统，在没有外力干预（物质或能量交换）的情况下，整个系统内的分子有秩序地向某个方向运动的概率远远小于无序运动的概率，前者的概率趋向于无穷小。

基于此，我们不难理解，为什么打开瓶盖后香水味会趋向于弥漫到整个房间，当时间够长，整个房间的香味程度趋于平衡；为什么混倒在一个容器内的热水和冷水，水温很快会趋同。打开瓶盖后香水的气味不溢出，或者冷水和热水在一个容器里仍保持泾渭分明的冷与热，这种情况发生的概率几乎为零，因为分子自发向各个方向做无序运动，才是符合其本质的必然趋势。

事物朝着“趋向于无序”的方向变化，从有序变为无序的过程，即为熵增。

散漫和懈怠，远比自律更容易；守着家业啃老，远比自食其力更容易；毁灭和破坏，远比建设更容易。

“熵增”总是更容易，无序是大概率事件，而通过秩序聚集势能，则是小概率事件。

在我们的生活中，“熵”和“熵增”无处不在。

奥地利物理学家、量子力学奠基人之一埃尔温·薛定谔指出，熵增过程也体现在生命体系中，也就是说，生命体系中的熵也是不断增大的，从有序走向无序。人作为生命体，本身就是某种严密的有“秩序”的系统，构成我们身体和维持身体机能的上兆亿小分子以特定的“秩序”和“纪律”组织在一起，形成生命的势能。当这种“秩序”和“纪律”消失，这些分子就回归它们在大概率上本该有的“无序”和“极度自由”状态，我们作为人的状态和机能也就不复存在。

虽然我们都知道，认真地看几本书或晚上准时睡觉、早晨跑步，更益于身心健康，但实际上很多人选择的可能是“愉悦”地躺在沙发上打游戏、看视频、刷资讯到凌晨。是选择令人愉悦的熵增，还是选择令人痛苦的熵减，这是个问题。

我们中的很多人，年少时充满活力、热情奔放，对未知积极探求，认为一切皆有可能，到中年时却沦为大腹便便、观念僵化、无趣、世故、缺乏好奇心的“油腻”之人。

在自然状态下，“无序”和“无效能量”都与熵增有关。

上升到国家层面，世界上任何一个国家的政权，几乎都会经历兴衰之乱，极端的不公平导致社会的崩溃，然后达到新的相对平衡，周而复始。换个角度讲，就是一个一个的政权，从兴起、发展、朽败、消亡，到新政权在旧政权的废墟上建立的过程。20 世纪 40 年代，黄炎培先生在延安向毛泽东主席提出过这个“历史周期律”的问题。对于这个“历史周期律”，我们可以理解为，王朝早期励精图治所聚集的势能，在漫长的承续周期内，由于某种必然的规律而逐步腐化、消减，当熵增加到一定程度后，上层建筑崩塌。

对于绝大多数的企业组织而言，从创业期的探求、发展期的奋进，到成熟期的固化、衰退期的积重难返，极少有企业能够真正“基业长青”，它们似乎同样遵从有序到无序的“必然”性，逃脱不了“历史周期律”。

我常思考，一个人从平庸到优秀、到卓越，最重要的能力和素质是什么，那就是优秀和卓越的人总是善于有意识或无意识地对抗熵增，优秀和卓越的人都是持续学习和不断成长的人。大部分在华为工作的员工，闲暇的时光不多，每天忙忙碌碌，加班加点是常态。很多人在刚进华为的时候会抱怨工作为什么总是做不完，慢慢地就养成了习惯。华为没有让员工安逸和懈怠，表面上，公司获得了更多回报，员工努力的结果是为公司创造更多价值。实际上，员工自身也获得了更多回报：公司发展得越好，创造的财富越多，员工获得的薪酬、奖金、股票分红也就越多，最终是为自己谋福利。另外，自己没有辜负奋斗的时光，成长得更快，学到的东西更多，从平庸慢慢变优秀。回顾在华为的时光，大多数人不会抱怨工作太累，而是庆幸自己没有碌碌无为，虚度光阴。细心的朋友会发现，刚刚毕业的大学同学，奔赴各行各业，走向社会这个大熔炉，一开始大家的起点都差不多。但是，三年之后大家的能力和水平会有比较大的差别，五年之后差别更大，十年之后可能是天壤之别。这其中最重要的差别是：一部分人在持续地学习和进步，不断地奋斗和进取，实际上是在持续地对抗熵增；一部分人稳定、安逸，进步较小，一直处于熵增的状态。时间一长，差距就会很明显。人长大了才会明白，生命是一段长跑，起点高低并不那么重要，重要的是能否持续进步。有的人起点很高，聪明好学，毕业的学校也很好，但进入社会之后，如果不持续努力，一样会落后，这样的例子数不胜数。

我认识的一位上市公司董事长，年龄也不小了，依然斗志满满，活力四射。他不仅要管理上市公司的业务，每天工作的强度很大，还要每天研究直播，最近几周每周都会做 1～2 次直播。不仅仅是直播，对于企业经营、公司管理、家庭教育、社会事件，他也总在不断地学习和思考，他身边的每一个人都被他渴望学习的态度、始终饱满的热情所感染，这样的人一直在进步，从未止步。因此，他们的成就往往更高。其实，仔细地观察就会发现，成功人士绝大部分都是敬业、不辞辛劳、持续学习、持续对抗熵增的典范。生命的熵增是自然规律，对抗熵增才会让人生变得更加有意义和绚丽多彩。

企业熵增

企业熵增是自然规律

熵增是自然规律，万事万物都是从有序到无序，企业也一样。毫无疑问，经营企业是困难的。

据美国《财富》杂志报道，美国中小企业平均寿命不到 7 年，大企业平均寿命不足 40 年。而中国中小企业的平均寿命仅为 2.5 年，大企业的平均寿命仅为 7～8 年。美国每年倒闭的企业约 10 万家，而中国有 100 万家，是美国的 10 倍。相对来说，中国企业的生命周期短，能做强做大的企业更是寥寥无几。

从创业、发展、壮大到衰退、消亡，是企业的生命周期过程。企业熵增体现在不同阶段的各个方面，主要有以下几种：

- 小企业在人才、产品、技术方面往往跟不上市场需要，因抗风险能力差而“死亡”。
- 中型企业往往受制于行业空间、创始人格局和管理能力，无法突破瓶颈，最终慢慢消亡。
- 大企业往往由于经营规模扩大，管理复杂度提高，边际效益递减，不创造价值的事物增加，机构臃肿，反应迟钝，甚至人浮于事，安逸享乐，难以适应外部市场变化，从而出现危机，逐步消亡。

熵增使百年企业夏普走向衰败

夏普由早川德次于 1912 年创办，由东京的一家小金属加工厂发展而来。富有创意的产品研发让公司迅猛发展，夏普从一个不起眼的小作坊成长为全球知名企业。

夏普曾是创新典范

夏普创始人早川德次常挂在嘴边的口号是：“我们要做让别人模仿的商品!”这是何等的自信和霸气。可以说，夏普很长一段时间的辉煌与早川德次的经营理念及其奠定的企业文化密不可分。夏普的企业文化是诚意和创意，正是这种至诚与创新的工作，给人们带来心灵的满足和美好的享受，而这样才能为社会做出真正的贡献。诚是处世之道，应贯彻万事之始终；和是力量，愿彼此信赖，团结一致；礼是美德，要互相尊重，感恩戴德。创新是进步，须精益求精，不时改进；勇气是生活的价值源泉之所在，让我们排除一切困难，勇往直前。夏普的经营理念是，夏普并不一味追求规模，夏普以诚意和独到技术为全世界的文化和福利的提高做贡献。夏普致力于挖掘公司中每一名职工的能力，以公司发展和个人幸福相一致为目标。夏普期望着以股东和客户为首的，包括所有创作者在内的共同繁荣。

根据《砺石商业评论》的报道，1893 年，早川德次出生于日本关东，由于家庭贫困，兄弟姐妹众多，无法养活，早川德次幼年被送给别人做养子。穷人家的孩子早当家，不满 10 岁的早川德次已经开始帮别人做工。1912 年，19 岁的早川德次就开始自己创业，此后创造了多项第一。1959 年，夏普开始研究太阳能电池，1976 年公司推出使用太阳能的电子计算器，大受欢迎。2000—2006 年，夏普的太阳能电池和太阳能发电模块的产量排名世界第一。2001 年，夏普成功推出彩色液晶电视 AQUOS，当年在全球液晶电视市场的占有率超过 80%；2003 年，夏普成为全球液晶电视市场占有率超过 50% 的超级霸主。另外，夏普定位于高端产品，2004 年推出的第一台 45 英寸液晶电视的报价高达 1.3 万美元；2004 年，夏普的营业额是 2 万亿日元；2006 年和 2007 年营业额超过 3 万亿日元，2007 年发售的第一款犹如画框的壁挂式液晶电视，更是轰动全球。世界第一条第六代线、第一条第八代线、第一条第十代线（面板厂）都出自夏普，它始终走在创新的前列。这曾经让其液晶电视的成本比同行少了约 20%。

盛极而衰，夏普深陷泥潭

2001—2007 年，夏普依靠液晶电视、太阳能两大产业赚到“手软”。但是，夏普并没有理解盛极而衰的道理，它未能提早觉察风险已经来临。随着全球产业结构调整，以及产业分工转移等，夏普的危机真的来了。约翰·肯尼迪曾经说过：“人生充满变数，而那些只留恋过去或现在的人，必将错失未来。”可以说，21 世纪初是夏普最辉煌的时期，而夏普却躺在功劳簿上沾沾自喜。直到 2012 年，也就是夏普创立一百年的时候，形势已经极不乐观。2012 年一季度，夏普液晶电视在全球的市场占有率下滑至 5.1%，还不到 9 年前的 1/10。面板、电视与太阳能三大事业部都出现了亏损。夏普盛极而衰的原因是多方面的：产业方向和宏观环境发生变化，内部对产业结构和发展方向判断失误；外部竞争激烈，内部竞争力下降，跟不上时代发展的需要。总之，夏普经过 100 多年的发展，面临熵增困境，未能及时变革和调整，逆向做功，帮助企业回归正轨。具体来看，夏普衰败的主要原因如下：

一是对全球产业发展方向、产业调整、宏观环境、竞争环境和消费趋势研究不足。

夏普产品价格过高是导致其失败的重要原因。同期的韩国厂商三星、LG，以及中国厂商在液晶方面的技术和竞争力已大幅度提升，且具有价格优势。在同等条件下，具有价格优势的一方往往容易取得胜利。另外，全球消费类电子产品更新换代很快，消费者希望能够用到更多更新颖的产品，而不仅仅是经久耐用的产品。素来过分注重质量，导致成本太高的夏普跟不上消费趋势。全球屏幕技术发展趋势有两个方向，一是与 LCD 不同的 LED、OLED 等新的屏幕技术的出现和发展，二是提升 LCD 屏幕清晰度的技术，如 4K、8K 技术等的发展。夏普过分注重市场上尚不成熟的 8K 技术和产品的推出，错过了移动互联网、智能手机等风口。

二是巨额的投资叠加金融危机，导致巨大的赤字。

在亀山工厂之后，夏普投资40亿美元在大阪附近开设新工厂，然而一直到2012年，也就是生产启动后的第三个年头，该工厂的产能始终远远不饱和。宏观上，世界刚从2008年的金融危机中恢复，液晶显示屏的价格不断下跌，加上日元汇率提升，出口更加困难。管理层不检讨投资失误，及时止损，反而为了掩盖产量不足的事实，由集团以高于市场价格20%的价格购买，导致库存激增和赤字持续增加。

另外，对液晶面板的过度投资，导致夏普债台高筑。亀山工厂及大阪附近工厂的总投资超过80亿美元，集团70%的业务都与液晶面板相关，在行业不景气的时候，结果可想而知。

此外，夏普对太阳能工厂的投资等也出现了失误。战略选择和投资失误导致公司深陷债务的泥潭。

三是傲慢的夏普，未能以客户为中心，未能与供应链共荣，付出了血的代价。

夏普曾经多次出现客户订单交期违约的情况，多次未能如期交货且态度傲慢。索尼无奈，只能抛弃夏普与三星合作，导致三星后来居上。

夏普长期专注技术创新，不做工程商人，忽视客户和市场。产品价格往往背离市场，忽视市场反应，市场并不买单。夏普唯技术论，不够开放，不贴近客户。例如，为了证明自身技术实力过硬，夏普制造了一些不标准产品，而这很难被卖给客户。

当自身条件恶化时，夏普欺压供应商，肆意压价等，导致其市场口碑差，甚至有部分企业愤然表示再也不与夏普合作。

不诚信，犯了商场大忌。在液晶电视市场飞速发展时，索尼没有自己的液晶显示屏供应商，于是求助于竞争对手夏普，并与夏普签订合作合同。但是，当时夏普的液晶电视非常畅销，于是它单方面撕毁合同，不给索尼供货，最终索尼中断了和夏普的合作。

重视自我超过客户。夏普前社长高桥兴三在接受媒体采访时说："过去有'重视自己人胜过客户'的文化。大家嘴上都说'重要的是客户'，但行动起来不是这样。在我还是新员工的时候，哪怕是在合作企业帮我们试制复印机的节骨眼上，前辈也会毫无不适地来说'课长叫你，赶紧过来'。我说过很多次要抛弃这样'诡异'的文化。最近还有一位本部长对我说'请您指导'。我直接回了一句'下次再这么说，决不饶你'。在公司内部会议上，现在还会有人说'社长垂问'。让人忍不住想吐槽'你是从江户时代穿越回来的吧'。"可见，夏普至少存在重视领导超过客户，以自我、上级为中心的文化，而不是以客户为中心。

四是领导层更换频繁，派系斗争导致内耗严重。

高层领导钩心斗角，公司派系纷争，内耗严重。例如，在液晶投资上决策失误的片山干雄社长退位到会长后，不愿意放弃权力，导致继任的奥田隆司在夏普威信不足，经营改革上处处受制于人，改革以失败告终。一年后奥田隆司便将社长职位交接给高桥兴三。领导层的频繁交替，加速了夏普的衰败。

据报道，在2014年年底的一次高级干部会议上，夏普财务部门展示的数据显示，液晶显示屏部门的亏损巨大，让所有在场的人胆战心惊。因为两周前社长高桥兴三才在公开场合发表过2014财年的预增消息，巨额的亏损怎么可能这么快就出现？显然，决策层并不能清楚地掌握公司一手财务数据，财务的混乱程度、公司管理的无序状态由此可见一斑。

五是因循守旧，开放性、创新性不足。

日本家电企业，包括夏普、索尼等知名企业，在企业发展到一定阶段后，企业文化趋于保守，开拓性、进取心不足，大部分企业的创新仍然集中在空调、洗衣机、冰箱、液晶显示器、数码相机等传统产品上，在新兴产业的开拓上缺乏进取精神和创新力。在很长一段时间内，夏普的创新是闷头搞研发，不与外界，包括客户，进行很好的互动和交流，技术导向优先于客户需求导向的倾向很明显。这种封闭式创新导致夏普产品并不能很好地适应市场。这样的创新已经违背了早川德次期望与客户共同繁荣的企业精神和理念。

六是积重难返，管理层缺乏壮士断腕的改革魄力和能力。

后来继任的管理层也励精图治，希望改变夏普，但始终没有根本性变革，始终没有把决策变为现实，眼睁睁地看着企业日渐衰败，积重难返。熵增是一个企业的宿命，熵减是痛苦的，也是艰难的。成功企业过去的业绩和惯性会成为其发展的巨大阻碍，为了捍卫既得利益和习惯，有人不惜阻挠变革的进行，抵制所有新生事物的出现。要真正改变企业的现状，挽救企业于危难，就需要有壮士断腕的决心和对症下药的能力。显然，夏普后来的领导人缺乏这样的决心和能力。

企业的熵增是从有序到混乱无序

我们可以回顾一下夏普的企业文化和经营理念。据报道，高桥兴三为了改善夏普的状况，力图变革，曾经去请教稻盛和夫，把夏普的经营理念和信条给他看，稻盛和夫看了一会儿说道：“上面写的都是对的。但高桥先生，你们没有遵守最前面的‘不一味追求规模’吧？”根据高桥兴三的表述，夏普每天晨会的时候，全体员工都要诵读创始人的经营信条。可见，夏普对于自身的企业文化和经营理念是很重视的，但后来的事实证明，诵读并没有什么用，因为诵读和行动是两码事，夏普并没有坚持这一经营信条。另外，通过对夏普衰败的分析可以发现，没有被遵守的不仅仅是经营理念，还有夏普企业文化中提到的“夏普期望着以股东和客户为首的，包括所有创作者在内的共同繁荣”。在对待客户及供应商的时候，夏普也没有做到至诚；狭隘地理解创新，未能真正坚持开拓创新的理念。夏普从原来的有序变得混乱无序，连企业发展的根基——企业文化和经营信条都抛弃了。夏普继任者未能很好地坚持公司理念，在不断变革、对抗熵增、促使公司回归有序状态方面做得不够。因为想和做不是一回事，想做和有没有能力做也不是一回事。

管理学大师彼得·德鲁克在《创新与企业家精神》一书中提道，面对组织的僵化和效率的下降，企业唯一可以做的就是建立一个能与外界不断进行能量和物质交换的开放系统，不断从外界吸取能量，进而实现反熵增。

熵增导致企业失去活力（见图2-2）。

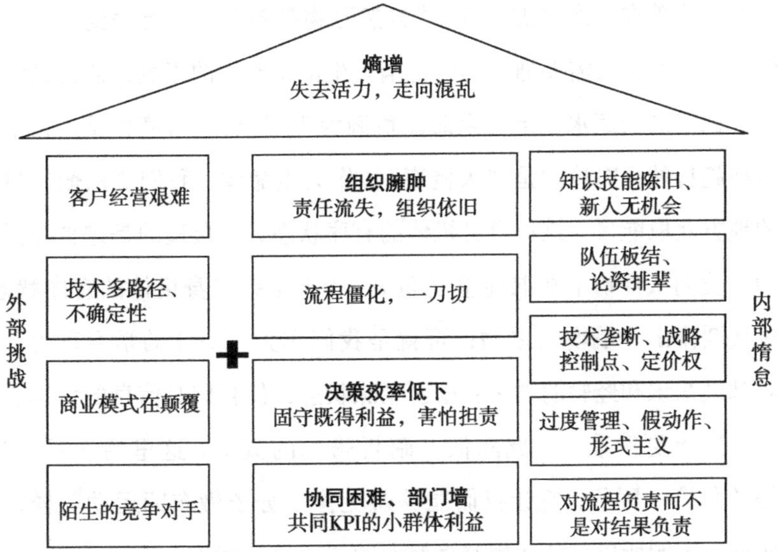

图2-2 熵增导致企业失去活力

资料来源：《熵减》，华为大学。

耗散结构

热力学第二定律是关于封闭系统的规律，避免“熵死”的方法之一是建立耗散结构。建立耗散结构被认为是对抗熵增，实现熵减的有效办法。

什么是耗散结构

耗散结构理论是比利时科学家普里戈津在研究非平衡热力学过程中提出的，他因此获得1977年的诺贝尔化学奖。耗散结构是一个远离平衡的开放系统，通过不断与外界进行物质和能量的交换，在耗散过程中产生负熵流，使原来无序的状态转变为有序的状态，这种新的有序结构就是耗散结构。

薛定谔曾在一次演讲上说：“自然万物都趋向于从有序到无序，即熵值增加。而生命需要通过不断抵消其生活中产生的正熵，使自己维持在一个稳定的低熵水平上。生命以负熵为生。”负熵与熵相反，它本质上是逆趋势的，对抗的是“大概率”。作为生命体，我们会从熵比自己低的地方获取能量，维持自身机体的有序状态，最典型的是进食和排泄行为，我们从食物中获取能量（负熵），来维持自身机体的有序状态，通过代谢排出“熵增”之物；再就是我们作为生命体的学习行为，通过对基础知识和经验的学习，摆脱蒙昧状态，使我们对信息的识别、判断、传递等更精准，由此降低“瞎折腾”的概率。这里的学习行为，就是“负熵”因子，它让我们能够避免像小分子做布朗运动一样，四处碰壁、不明所以，从而规避大概率的“无序”状态。

任正非在2011年公司市场大会上说：“公司长期推行的管理结构就

是一个耗散结构，我们有能量的话一定要把它耗散掉，通过耗散，使我们自己获得新生。什么是耗散？你每天去跑步锻炼身体就是耗散。为什么呢？你身体的能量多了，把它耗散了，就变成肌肉，变成有力的血液循环了。能量被消耗掉，不会有糖尿病，也不会发胖，身材变苗条了，人变漂亮了，这就是最简单的耗散结构……”

从科学研究和社会实践来看，耗散结构存在且能够有效对抗熵增。即便如此，我们仍然要敬畏熵增普遍存在的自然规律，耗散结构能够有效对抗熵增，但无法消除熵增。这就好比泼出去的水，泼出去容易，收回来很难；好比把一滴墨汁滴在水中，墨汁四散而开，无法收回；好比鸡蛋壳，打破容易，完整拼接很难；好比万丈高楼，推倒容易，重新建设很难，这些都是因为熵增是自然界的普遍规律。

建立耗散结构应具备的主要因素

我们认为要建立耗散结构必须具备几个要素：

第一，必须是开放的系统。熵增定律成立的一个前提是，系统是封闭的。开放系统能促进内外部能量和物质的交换，从而达到对抗熵增，实现熵减的目的。这个很好理解，因为地球就是一个开放的系统。地球不断通过太阳补充能量，也不断地向外太空释放热量，如此才能维持运转，生机勃勃。人也一样，如果没有从外界获取食物和水，人一般活不了几天。开放系统的另一层含义是，内外部必须产生关系，从自然规律的角度讲，就是要实现能量的交换，从社会学和管理学的角度讲，就是要合作，因为只有合作才能产生关系，实现能量和物质的交换。例如，食物链、生态链、供应链、上下游、商业环境都涉及开放合作、分工合作。

第二，远离平衡，打破平衡。根据热力学第二定律，达到平衡就意味着“熵死”。企业管理需要打破平衡，其核心是形成利益差。华为提倡的以奋斗者为本，不让雷锋吃亏，激励向一线倾斜、向奋斗者倾斜都是在打破平衡，形成利益差。另外，企业在经营过程中，要想形成新的势能，也要打破平衡，这里的平衡包括很多方面：企业对现状感到满足是一种平衡，若要继续发展，就需要打破这种满足感；企业在达成阶段性目标之后，需要确立新的、更高的目标，也是要打破平衡；企业发展到一定阶段，拥有了一定的规模和行业地位之后也需要打破平衡，重新确立危机意识；企业积累了巨额的物质财富后，需要不断加大投入，形成新的竞争力和势能，也是在打破平衡。企业在发展过程中，从不平衡到平衡，再到不平衡……是一个动态过程。这是企业不断向前发展的动力。

第三，非线性系统。线性与非线性描述的是自然界中不同相互作用的特性，属于哲学范畴。线性与非线性的一个明显区别在于是否有叠加性。在一个系统中，如果两个不同因素的组合作用只是两个因素单独作用的简单叠加，那么这种关系或特性就是线性的。反之，如果一个系统中一个微小因素能够导致用它的幅值无法衡量的结果，那么这种关系或特性就是非线性的。相应地，具有叠加性的系统，是线性系统；反之，则是非线性系统。从实际情况来看，企业所面临的环境都是非线性的，不是简单的“1 +1 =2”，而是复杂的、充满不确定性的。

下面是某位妈妈给刚上小学的儿子制定的“行为准则”，从中我们可以看到一个母亲在努力帮儿子对抗熵增。

×××小朋友行为准则

1. 我先把学校布置的作业做完，然后再去玩。

2. 我每天整理自己的学习用品和个人物品，保持整洁。

3. 我不浪费食物。

4. 我每天都要运动，让自己更有力量。

5. 我是男子汉，只要我不偷懒，事情都可以做得很棒。

6. 我如果做错了事情，不会对爸爸妈妈说谎。

7. 当自己或者好朋友被人欺负时，我会勇敢站出来。

8. 我要认识更多的好朋友，好朋友是最好的礼物。

分析这位妈妈帮儿子制定的 8 条行为准则，我们可以得出以下结论：

- 先做作业，因为玩总比学习更有吸引力。
- 整理房间，因为若不整理房间，则会乱成一团。
- 不浪费食物，因为在吃饭问题上，随性比节制更容易。
- 运动，通过锻炼保持身体的“低熵”状态。
- 不偷懒，因为做一个懒惰的人总比做一个勤奋的人更容易。
- 不说谎，因为在犯了错的情况下，说谎比说真话更容易。
- 勇敢，因为在大多数情况下，大多数人是趋利避害的，所以勇敢要被倡导。
- 交朋友，开放系统，不孤立，交换能量。

耗散结构的成功典范

毫无疑问，通过建立耗散结构是可以实现熵减的。

中国的改革开放，极大地提升了生产力和人民的积极性，促进了经济的发展。中国1978年开始实施对外开放政策，通过将好的机制、技术、人才、产品和资金引进来，极大地增强了自身的实力和能力；同时，通过对内改革，建立更好的机制，提供税收优惠和产业促进政策，吸引外资和外企到中国投资兴业，打破旧的计划经济体制和农村“大锅饭”机制，引导人们抓住机会，通过多劳多得的劳动创造和自负盈亏的市场竞争实现发家致富，加上中国人民聪明、勇敢、勤劳，从而极大地释放了生产力，创造了人类历史上经济快速发展的奇迹。

美的转型升级，转变过去传统的低效益、规模化增长模式，实现熵减，企业进入高效益发展阶段。2012年，从普通人的视角来看，美的业务蒸蒸日上，产能远远跟不上市场旺盛的需求。扩充生产线，增加产能，招兵买马，加大在各个地方的投资，是管理层每天必须面对的问题。然而，看似幸福的烦恼，如雪花般飘来的大量订单，却让美的董事长方洪波高兴不起来。繁华让这位掌舵人嗅到背后的危机。看似热闹非凡、订单满天飞的局面却伴随着大量低端产品的加工和制造，规模增长并没有带来效益的增长，这就是当时美的的真实隐忧。减员、降成本、使产品领先是美的的应对之策。通过裁撤冗员，降低固定资产投入，加大研发投入，提供更具竞争力的高端产品等一系列改革措施，在此后的几年内，美的在收入规模微增的情况下，企业利润增加了一倍，人员减少了将近一半。从此，美的走上了高效益发展之路。美的通过转型升级，实现了熵减，避免了企业持续熵增，实现了新的飞跃。

华为公司通过大批量的人才引进，实现熵减。

我们要欢迎那些胸怀大志、一贫如洗的人进入华为公司。他们将是华为公司一支很强的生力军。在这种情况下，华为公司会有更强的战斗力，有了更强的战斗力，我们就可以抢到更多的粮食，有了更多的粮食，我们就能有更大的投入，有了更大的投入，我们就有更大的实力，我们这几个“更”，就成了良性循环。

——《成功不是未来前进的可靠向导》，2011 年

华为的耗散结构

熵增是自然界的普遍规律，企业要长期发展，就必须让组织充满活力，激活组织，对抗熵增。封闭的系统终究是没有活力的，没有活力的封闭企业也必然会覆灭。华为是如何打造一套耗散结构的活力引擎模型呢?

对外开放

一方面，不断地拓展业务发展空间，把“管道”做粗，能够应对产业的发展周期，不断积聚新的势能，实现业务的持续发展；另一方面，与外部交换物质和能量，开放合作，吸取能量。

我们要敢于去拥抱这个快速变化的时代，也要敢于去拥抱全球化……我曾说过“都江堰疏导不了太平洋”“八百里秦川何曾出过霸王”“秦淮河边上产生不了世界领袖”“北京没有户口指标成不了科技中心”……是逼迫我们这一代人就要成为世界领袖，而不是繁衍几代后才是。

——任正非在 2017 年市场工作大会上的讲话

我们为什么要开放？因为这个世界太大了，太平洋这个管道太粗了，未来没有一家企业能垄断这个世界，不开放就是死路一条。

为什么有人不愿意开放？就是被既得利益绑架了。所以一定要消灭既得利益，这是我们一贯的做法，你们看，我们公司什么赚钱就消灭什么，因为如果你自己不降下来，别人就一定会取代你。石器时代结束，不是因为石头没有了。我们一定要坚持开放，这一点不要动摇。不要说我们是弱者，就算我们是强者，也要开放，开放后我们什么优势都没有了，没有优势就逼我们自己努力，结果我们反而会有优势。

——任正非在惠州运营商网络BG战略务虚会上的讲话及主要讨论发言，2012年

事实上，华为非常强调开放。无论是反对闭门造车式的“自主创新”，强调站在巨人的肩膀上，强调分工合作，还是应对产业周期变化，不断拓展和汲取新的势能，任正非非常重要的哲学思想便是开放、妥协、灰度。

一是向外拓展业务，持续增强生存能力和活力。

华为从最初的运营商业务起步，逐渐扩展到运营商业务、消费者业务、企业业务并驾齐驱。近年来，华为更是在云计算、AI（人工智能）、大数据、智能汽车、芯片等领域强势发力，主营业务的航道不断向外拓展，企业的生存空间持续拓展，增强了组织的活力。

二是激活组织，聚焦外部客户，以客户为中心，全力创造价值。

能否为客户创造价值是判断有序/无序、熵增/熵减的标准。为客户创造价值是组织激活的目标。企业组织的激活如果不能为客户创造价值，那么就没有意义，从而也不能为企业创造价值。

激发组织以客户为中心能够增强组织的方向感、目标感，不至于“打乱仗”。很多企业不聚焦客户或者聚焦客户程度不够，往往导致对

客户的服务差，不理解客户需求。人的本性是自利的，如果不聚焦客户，那么就会聚焦在自己身上，或者通过聚焦在领导身上来获取自身利益，久而久之，溜须拍马横行，浪费公司资源，这样的公司无法创造价值。

三是强调对外学习，吸收他人的优秀成果。

华为不断对外学习别人的长处。

向先进国家学习。在先进国家建立能力中心，向俄罗斯学习算法，向德国学习工程制造，向日本学习材料应用，向美国学习软件架构，向法国学习美学等。华为不断总结各国发展过程中的优秀文化和制度建设，以指导企业管理。

向成功的企业学习。请一流的咨询公司帮助企业进行组织变革，IBM（国际商业机器公司）、埃森哲、合益集团（Hay Group）等全球顶级咨询公司先后帮华为进行了一系列管理变革。

向竞争对手、客户及其他一切优秀的企业学习。向苹果、谷歌、思科、亚马逊、小米、OPPO、VIVO等企业学习。

> 一个不开放的文化，就不会努力地吸取别人的优点，就会逐渐被边缘化，是没有出路的。一个不开放的组织，迟早会成为一潭死水。我们无论在产品开发上，还是在销售服务、供应链管理、财务管理……上，都要开放地吸收别人的好东西，不要故步自封，不要过多地强调自我。创新是站在别人的肩膀上前进，同时像海绵一样不断吸取别人的优秀成果，而非封闭起来的“自主创新”。华为开放就能永存，不开放就会昙花一现。
>
> ——《逐步加深对“以客户为中心，以奋斗者为本”的企业文化的理解》，2008年

四是强调对外合作，打造生态链。首先，注重上下游产业链整体的强健。

现代企业的竞争已不是单个企业与单个企业的竞争，而是一条供应链与其他供应链的竞争。企业的供应链就是一个生态链，客户、合作者、供应商、制造商在同一条船上。只有加强合作，关注客户、合作者的利益，追求多赢，企业才能活得长久。

——《华为公司的核心价值观》，2007 年修改版

其次，善待供应商。

我们要给供应商可以活下去的价格基础，不主张制造一种恶性的市场环境，在恶性的市场环境下，大家都活不下去。如果我们的供应商不断在崩溃，然后寻找新的合作伙伴，那么这个认证过程不也是需要成本的吗？

——任正非与采购系统干部座谈纪要，2000 年

最后，善待友商。

我们不要敌视竞争对手，其实它们是我们重要的老师。我在埃及代表处已经讲得很清楚了，只有重视但不敌视我们的竞争对手，感谢我们竞争对手的存在，华为公司才能持续不断地发展和进步，正如鬣狗旺盛的生命力来自猎物，来自老虎和豺狼。在一种生存游戏中，当豺狼和老虎都被消灭后，鬣狗甚至会被羊和鸡消灭。这种

游戏告诉我们，任何一种事物，当其处于一种安逸和放松的享乐状态，没有对手，没有危机和竞争，都会萎靡倦怠，从而走向颓废甚至灭亡。华为公司能够走到今天，不仅是因为外国竞争对手给我们极大的压力，使我们不断突破，也因为国内的竞争对手追在我们后面，一步都不放松，推着我们进步。没有这种双重力量，华为今天也许已经麻痹、松懈，甚至崩溃了。我们对竞争对手还是要友善，那我们怎么办？要知道，人家冬天也很冷啊，人家也需要一些柴、一些米，你们不要寸步不让，也要让人家活下去，这是帮助我们培养一个明天逼着我们进步的人。

——《贴近客户，奔赴一线，到公司最需要的地方去》，2001 年

厚积薄发

华为的耗散结构，既要对外开放，为企业营造良好的外部环境，从外界吸取物质和能量，促进企业与时俱进，不断前行，也要耗散掉企业多余的能量，打破平衡、静止的企业稳定态，建立新的发展势能。厚积薄发是华为耗散多余能量，建立新势能的重要方法。

我们要充满信心，基于三十年的积累，厚积薄发。厚积薄发，就像跑马拉松。华为公司必须有良好的经营状态、财务状态和组织状态，如此才能争取赢得未来。制定战略是明确公司的发展方向，真正实现目标要靠组织活力。

——任正非在公司战略务虚会议上的讲话，2017 年

华为几十年如一日，始终坚持在 ICT（信息与通信技术）领域持

续、饱和且聚焦地投入巨大的人力、物力、财力资源，坚持研发和创新，即使在最困难的时期以及面对外界诸多诱惑的时候也毫不动摇。用任正非的话来讲就是，“坚持炮口对准主城墙，饱和攻击!”实事求是地讲，华为能够崛起和取得辉煌成就的核心要素之一，就是华为强调的厚积薄发。2019 年，面对美国打压，华为海思总裁何庭波在给全体员工的信中自豪之情溢于言表，因为海思芯片正是华为厚积薄发的缩影，几十年如一日，面对持续亏损，仍敢持续投入，终获成功！如今，华为手机芯片已能够与高通芯片分庭抗礼，达到世界领先水平。

> 今天是历史的选择，所有我们曾经打造的备胎，一夜之间全部转“正”！多年心血，在一夜之间兑现为公司对于持续服务于客户的承诺。是的，这些努力已经连成一片，挽狂澜于既倒，确保了公司大部分产品的战略安全，大部分产品的连续供应！今天这个至暗的日子，是每一位海思的平凡儿女成为时代英雄的日子！
>
> ——海思总裁致员工的一封信，2019 年

对内激活

通过人力资源“水泵”（管理体系）等，实现逆向做功，激活组织。建立以奋斗者为本，长期艰苦奋斗的文化和制度，给予奋斗者高激励，鼓励和迫使全员长期奋斗；拉开差距，打破均衡的激励机制，让组织远离平衡，不让“雷峰”吃亏；坚持自我批判，自我否定，自我革新，自我成长，不满足，始终充满危机意识；实施绩效考核、目标管理、压力管理、赛马机制等，逼迫员工成长，让组织人才辈出。

通过管理变革等，不断优化制度和流程，高效快捷地为客户服务，不僵化、不内耗。华为先后邀请 IBM 等著名咨询公司帮助华为对研发、市场、供应链、人力资源进行了管理变革，并在工作中不断优化制度和流程，聚焦于对客户的快速服务和响应，提升内部效率，激发组织活力。

华为活力引擎模型

图 2－3 所示为华为活力引擎模型。

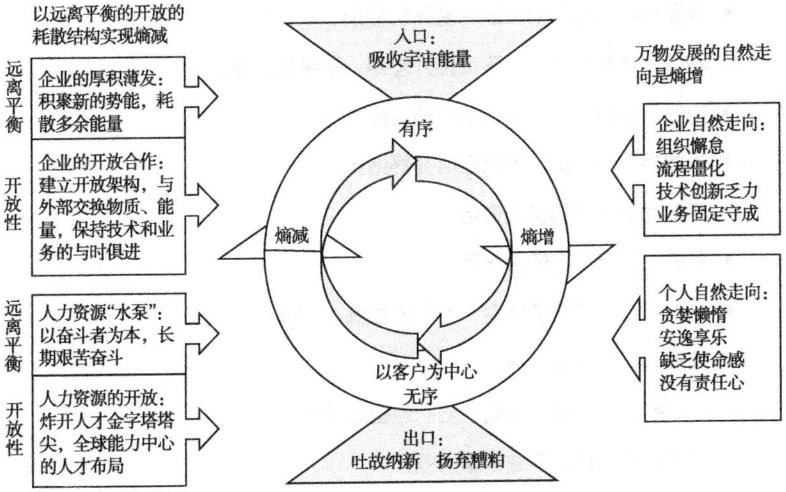

图 2－3 华为活力引擎模型

资料来源：《熵减》，华为大学。

事实上，华为的活力引擎模型，是按照熵增规律建立的对冲机制，从而实现组织熵减，激发组织活力，增强组织能力，提升组织绩效。活力引擎模型一方面是针对企业的，是为了对抗企业熵增，保持企业的开放性，远离平衡，积聚新的势能以激发企业的活力；另一方面是针对个人的，是为了对抗个体熵增，激发生命活力。因此，可以从宏观和微观角度对华为活力引擎模型进行分析和梳理。

华为总结的不利于组织激活的 18 个熵增现象

- 安于现状，不思进取。
- 明哲保身，怕得罪人。
- 唯上，以领导为核心，不以客户为中心。
- 推卸责任，遇到问题不找自身原因，只找周边原因。
- 发现问题不找根源，头痛医头，脚痛医脚。
- 只顾部门局部利益，没有整体利益观。
- 不敢淘汰惰怠员工，不敢拉开差距，搞平均主义。
- 抱怨流程有问题，却从不推动流程改进。
- 不敢接受新挑战，不愿意离开舒适区。
- 不敢为被冤枉的员工说话。
- 只做二传手，不做过滤器。
- 热衷于讨论存在的问题，而从不去解决问题。
- 只顾指标，不顾目标。
- 把成绩透支在自己任期，把问题留给下一任。
- 只报喜不报忧，不敢暴露问题。
- 不开放进取，不主动学习，业务能力下降。
- 不敢决策，不敢承担责任，把责任推给公司。
- 只对过程负责，不对结果负责。

第三章
保持开放，激活组织

封闭的系统会“熵死”，只有开放才能激发组织活力。华为全面开放，包容借鉴，它为己用，学以致用，终于硕果累累。

众所周知，中国的近代史是一部屈辱史，由于傲慢和狭隘，清政府长期闭关锁国。顺治和康熙统治时期，清朝就曾实行海禁。到1757年，乾隆一声令下，除广州一地外，停止厦门、宁波等港口的对西洋贸易，这就是“一口通商”政策。至此，清朝全面闭关，这就是闭关锁国的开始。因为闭关锁国阻碍了贸易通商，阻滞了中国经济的发展，隔断了中国与西方国家的主要联系，也使中国错失了近代工业革命的浪潮，彻底落后。之后，清政府丧权辱国，割地赔款，使中国饱受凌辱。闭关锁国是近代以来中国被动挨打、多灾多难的主要原因之一。

同时，我们也看到15～16世纪，西班牙、葡萄牙这两个小国引领了世界。西班牙当时是一个拥有50多万平方千米土地、600多万人口的国家；葡萄牙是一个只有9万多平方千米土地、200多万人口的国家。为什么是两个小国引领了世界？重商主义的国策是根本原因。在重商主义的旗帜下，西班牙人和葡萄牙人走出国门，跨过海洋，走向世界。无独有偶，荷兰作为世界强国长达一个多世纪。当时的荷兰是比西班牙和葡萄牙还小的国家，面积不到5万平方千米，人口不到100万。在鼎盛时期，荷兰商船吨位占欧洲的3/4，海上贸易几乎被荷兰垄断。17世纪，荷兰成为“世界霸主”，原因也是荷兰作为“海上马车夫”把重商主义发挥得更加淋漓尽致，而且还创造了金融体系、银行和信贷制度。

日本因其地理位置狭小，资源匮乏，一直都是外向型经济，奉行开放、向优秀者学习的国策。早在中国汉朝时期，日本就开始学习中国的冶铁技术、制陶工艺、栽种技术等，这使日本加快了文明进程，快速摆脱了原始愚昧的生存状态。到了唐朝，日本数次派遣僧侣、留学生到中国学习，全面学习中国先进的政治制度、发达的经济政策、优秀的文化艺术，对建筑、文字、饮食、风俗习惯等进行了全方位的学习。到了明治维新时期，日本又开始全面西化，向欧洲学习先进文明，学习先进工业技术，进行大规模工业化，提倡“文明开化”，大力发展教育，社会生活持续欧洲化，进行政治体制改革，建立君主立宪制，奉行对外扩张策略。明治维新使日本的国力大大增强，促使日本跻身世界一流强国。“二战”后，奉行侵略政策的法西斯倒台，日本开始全面向美国学习，借助美国的帮助，加上日本人勤奋好学，重视教育，国民素质高等，日本很快从战争的废墟中恢复，经济上的发展成就仅次于美国。日本作为一个资源匮乏的岛国，总是能屹立于世界民族之林，的确有其过人之处。日本时刻奉行对外开放政策，不断与外界进行能量和物质交换，吸收精华，去其糟粕，这是这个民族持续强盛的主要原因。

回顾历史，我们可清晰地看到，封闭带来落后，开放带来富强。可见，保持开放是多么重要，因为只有保持开放，才能与外界进行物质和能量交换，才能“强身健体”。

可以说，开放是任正非的人生信条之一，在任何时候，任正非都毫不掩饰其对开放的重视，开放、妥协、灰度等处世哲学被任正非多次提及。

任正非曾说：“公司长期坚持开放政策，是从来不会动摇的，不管在任何情况下，都要坚持开放不动摇。不开放就不能吸收外界的能量，就不能使自己壮大。”1997 年，任正非到访美国许多知名公司，包括 IBM、惠普、贝尔实验室等。这次美国之行震撼了任正非，也成为华为发展的转折点。任正非意识到，华为需要学习美国先进企业的管理经验，使自身强大。随后，华为开始在西方咨询公司的帮助下实施管理变革。1998—2008年，在西方咨询公司的帮助下，华为在研发、销售、人力资源管理、供应链、财务等方面进行了管理变革。本质上，在1997年之后，华为更加开放，实施了开放的经营策略。华为的开放是全方位的，从技术到管理，从文化到经营，从客户到供应商，从流程制度到具体实施，从竞争到合作……都体现了华为坚持开放、合作共赢的思想。那么，华为是如何坚持开放的呢？

开放是纲领，是信条：把开放合作写进《华为公司基本法》

《华为公司基本法》第三条提出："广泛吸收世界电子信息领域的最新研究成果，虚心向国内外优秀企业学习，在独立自主的基础上，开放合作地发展领先的核心技术体系，用我们卓越的产品自立于世界通信列强之林。"这是华为七大核心价值观之一。

开放是华为的经营管理哲学：开放、妥协、灰度

作为华为的重要经营管理哲学，开放、妥协、灰度被反复提起，特别是对于领导干部如何运用开放、妥协和灰度，任正非做了详细的诠释。妥协，是指以退让的方式避免冲突和争执。从商业角度讲，通过妥协可以营造一段时间的和谐关系，达成目的。灰度，是指自然界并不是非黑即白，通常有一定的灰度，企业经营往往也不是非黑即白，往往需要有艺术、有灰度地处理各种关系和问题。华为所提倡的开放、妥协、

灰度是指用战略、发展的眼光寻求系统性的平衡、互利与共赢。

事实上，在开放、妥协和灰度中，开放是前提，没有开放就没有妥协和灰度。狭隘、封闭的人，不懂得与人合作，更谈不上妥协、有灰度地看待和处理问题，要能够妥协和有灰度，就必然要开放。因此，开放是基础和前提，开放的人才能从不同维度和视角全面地考虑问题，设身处地地考虑问题，不偏激，不自以为是。一个不够开放的人，不能很好地学习别人的长处，故步自封，沾沾自喜，也没有足够的能力妥协、有灰度地看待和处理问题；一个不够开放的组织和企业，将寸步难行。

开放、妥协、灰度饱含了任正非一生的处世、经商哲学，是其在人生过程中不断体会、感悟、摔打、磨炼出来的真知灼见。以前，这六个字在我耳边被提及过无数次，但我毫无感觉。到了中年，我才慢慢有了更深的体会。我对开放、妥协、灰度的理解主要是：

我们很难做到开放、妥协、灰度，因此它们才更有价值和意义。在现实中，大部分人是不开放、不妥协、没有灰度的。因此，这个世界才有那么多的战争、纷扰、偏见、傲慢、盲目的自负和优越感。个人以自我为中心，对自己的利益分毫必争是本能，人性常常是狭隘、非黑即白的，原谅自己、苛责他人是常态。开放、妥协、灰度并不符合人性，是逆人性本能的。经历挫折和磨难是一个人认识到开放、妥协、灰度重要性的良药。因为只有经历挫折，个体才会意识到自己的渺小，才会理解不同立场、不同见解、不同意识形态存在的合理性，才会知道与他人合作的重要性，才会知道有灰度地处世的重要性。任正非曾说过一句经典名言，“人感觉到自己渺小，行为才开始伟大”，我想这个伟大就包括开放、妥协和灰度。

开放、妥协、灰度常常意味着理解和原谅，有时候甚至意味着以德报怨。商业的本质是价值交换，而人本能上是趋利避害的，因此，在商业环境中常常看到势利小人。风光时朋友满天下，失意时只剩下孤家寡人。原来帮助过你的人未必帮你，原来对你客气的人不再友好，本质上都是因为利益，有利可图则欣然交往，无利可图则冷漠以待，这就是人生常态。树立远大理想和宏大目标的人能够正确看待人心，能够开放、妥协、有灰度地处理这些问题。如果要达成鸿鹄之志，就必然要理解、包容和原谅别人小的过错和过失，因为大部分人都是有缺陷的，甚至绝大部分的人都会犯错，例如不守时、背后说别人坏话、斤斤计较、两面三刀……只要不是大的原则性问题，就要多理解和包容，否则反而显得自己格局太小，进而无法达成自己的目标。

开放、妥协、灰度有时意味着以时间换空间、以牺牲当前利益换取长远的合作共赢。例如，商业伙伴开出的合作条件明显违背行规，无比苛刻，让人难以接受。即使这样，也不要火冒三丈，可以根据公司战略布局和长远利益考虑是否合作。开放、妥协、有灰度地处理这些问题。开放、妥协、灰度是华为公司文化的精髓，也是一个领导者的风范。

战略开放：把主航道修得宽到不可想象

2018 年，华为对 ICT 基础设施业务进行了组织架构的重组和优化，将公有云、私有云、AI、大数据、计算、存储、IoT（物联网）等与 IT（信息技术）强相关的产业重组为“与云计算”产业群，并在此基础上组建了“Cloud&AI 产品与服务”。2019 年一季度，华为又将 IoT、私有云团队并入 Cloud BU（产品线）。2020 年 1 月，华为发布新的任命，新一轮人事任命文件显示，华为对组织架构进行了调整："Cloud&AI" BG（事业群）升至华为第四大 BG，与运营商 BG、消费者 BG 以及企业 BG 属于同一级别。此外，2019 年 5 月，任正非签发任命文件，华为成立智能汽车解决方案 BU。

徐直军在 2020 年新年致辞中表示，ICT 组织变革的目标是支持"云与计算"产业的商业成功，聚焦在产业维度的专业性和效率以及产业竞争力的提升。

从组织结构的不断变化中我们可以看出，目前华为的业务已经从早年单一的运营商业务，逐步发展为四大业务。这几年消费者 BG、企业 BG 业务突飞猛进，华为又开始在新兴产业，包括智能汽车解决方案、云计算、AI、大数据等诸多领域布局，重点布局数字经济。主航道的拓宽，是与时俱进的发展需要，因为每个产业都有其必然的发展规律和周期，都有起步、发展、高潮、衰退期，企业只有保持开放进取的精神，适时布局，才能持续稳健地发展，不至于因错过新的产业周期而衰亡。布局新兴产业，也是为了更好地抓住数字经济的东风，培育新的更大的增长点。因此，华为要把主航道修得宽到不可想象，是保持开放战略，理解熵增规律和产业发展规律的体现。

另外，在复杂多变的商业环境中，无论是战略制定、业务探索，还是技术突破，企业都面临诸多的不确定性。战略完全正确是不可能的，很多时候战略制定不是简单的"是"或"否"，对时机的把握常常是在黑暗中摸索，机会稍纵即逝。因此，保持开放、激活组织有利于主航道业务的开展，有利于捕捉战机，有利于修正战略错误，赢得先机。因此，任正非说："方向可以大致正确，组织必须充满活力。"

竞争开放

面对美国打压

2019 年以来，随着 5G 技术的成熟和商用，华为 5G 技术领先全球，却遭到美国的全面打压。华为承受了巨大的压力，但任正非仍然保持开放的态度，始终有理有据，不卑不亢，按理性的游戏规则应对挑战，赢得了世界的广泛赞誉。以下是任正非接受中外媒体采访时表达的部分观点，从中可以看出其格局之大，思考问题之理性，考虑问题之深刻，心态之积极乐观，堪称典范。

“我们不被个别西方国家认同，不要埋怨，因为我们做得还不够好。”

“可以向美国企业转让 5G 所有的技术和工艺秘密，帮助美国建立起 5G 的产业链，这样，中美欧形成一个三角平衡体系。”“美国可以带着诚意来讨论，双方做出一个合理的处理方案，我认为这是可以接受的。”

“其实我们也能找到解决问题的办法。比如，华为多买一些高通芯片、英特尔芯片、谷歌软件、微软软件，华为多支持一些美国大学教授的研究，而不需要获取他们的成果……这些办法能帮助我们解决问题，缓解我们之间的冲突。”

面对女儿孟晚舟被无故拘押，甚至戴着脚镣出庭，任正非仍然乐观向上，开放面对。

“女儿说还要读狱中博士。”

“她就像第二次世界大战中的一架伊尔 –2 轰炸机，被地面的炮火、空中的炮火打得破破烂烂，还在飞行。她现在的处境是这样的，如果返航了，她可能就是英雄。我估计她将来可能会当英雄。”

面对方舟子的质疑：“（华为）备胎如果好用，何必等到胎破了再用？怕美国公司赚不到钱？”任正非回复媒体提问：“动用备胎，体现了自主创新，但不想做孤家寡人，我们的朋友遍天下，不能伤害朋友，方舟子可能不理解我们的战略。”

面对竞争对手苹果公司

苹果的 5G 芯片技术一直落后于华为。早在很久之前，苹果向高通求助，希望高通能出售 5G 芯片，却被高通委婉拒绝。而 2019 年 4 月 15 日，据美国财经媒体 CNBC（消费者新闻与商业频道）报道，任正非表示，在向智能手机竞争对手出售高速 5G 芯片和其他芯片方面，华为持开放态度。

任正非曾对媒体表示，喜欢苹果的产品：“我的家人现在还在用苹果手机，苹果的生态很好，家人出国时我还送他们苹果电脑，不能狭隘地认为爱华为就是爱华为手机。”

“苹果是一个伟大的公司，因为苹果推动了移动互联网的发展，使这个社会发生了天翻地覆的结构性改变。”

知识开放：一杯咖啡吸收宇宙的能量

华为强调通过开放学习、沟通交流吸取养分。特别是对高层管理者，任正非是反对埋头苦干的，要求大家多参加会议，多与业界人士交流，多与专家交流，多与客户交流，在交流中吸取养分，从而少走弯路。

任正非有个好习惯，就是经常与各界人士交流，由于他善于吸收和思考，常常在交流的过程中获益匪浅。任正非隔三岔五就会与客户、公司顾问、专业人士、科学家及公司管理层和员工进行交流，通常会带着问题，找相关领域的专家去交流，在交流中获得启发，从而指导工作。例如，任正非通过与中国人民大学的教授交流，理解了自然界熵增的规律，发现社会学和管理学中有着与自然界相同的熵增规律，并在企业管理中加以应用；通过与 IBM 的交流，任正非更深刻地理解了“以客户为中心”要贯彻到制度和流程中去，以及在制造业中产品领先的重要性等。

> 一杯咖啡吸收宇宙的能量，并不是咖啡因有什么神奇作用，而是利用西方的一些习惯，表述开放、沟通与交流。你们在投标前的预案讨论、交付后的复盘、饭厅中的交头接耳……，我认为都是在交流，在吸收外界的能量，在优化自己。形式不重要，重要的是精神的交流。咖啡厅也只是一个交流场所，无论何时何地，都是交流的机会与场所，不要狭隘地理解形式……我强调公司要开放，见识比知识重要，交流常常会使你获得一些启发。
>
> ——任正非在喀麦隆代表处的讲话，2017 年

学习开放

向历史学习，以史为鉴。开放的一个重要特征是，学习别人的长处，总结历史的经验。

从华为内部的材料及很多讲话中可以看出，华为管理层，特别是任

正非非常善于总结历史，发现规律。任正非对主要国家的历史进行了很好的学习和总结，并将精髓应用到企业的经营管理中。例如，任正非从英国实现君主立宪领悟到了妥协、灰度的重要价值；从日本重视教育从而走向富国强兵领悟到了教育和学习的重要性；从美国的移民政策造就了美国的科技繁荣学习到了开放和人才的重要性；从希特勒帝国的覆灭，认识到孤家寡人注定要失败，共生共荣才有出路；从中国历史上数次变法导致流血冲突且并未成功，学习到改良比颠覆更具价值，妥协和灰度更有前景。

向一切优秀者学习，取长补短。华为的开放体现在向一切优秀者学习。学习西方的严谨管理、制度和创新，学习东方的智慧，管理人性化及变通。向美国学习管理和创新，向日本学习工匠精神和精益制造，向法国学习美学，向俄罗斯学习数学和算法。向 IBM 学习研发管理、财务管理和供应链管理，向合益集团学习人力资源管理，向四大会计师事务所学习财务管理，向中国人民大学教授学习企业文化，向美世学习战略管理，向奥美学习品牌管理，向埃森哲学习企业运营管理，向德国国家应用技术研究院学习质量管理和生产管理，向苹果学习产品创新，向小米、OPPO、VIVO 学习手机业务营销和运营……向一切优秀者学习。可见，华为是完全开放的，虚心向别人学习，取长补短，为我所用。

从某种意义上讲，企业与企业之间的差距，很大一部分来源于学习能力的差距。好的公司学习能力强，能够去伪存真，不断吸取养分，快速成长；差的公司不开放或不善于学习，导致落后。更有甚者，认为学习无用，认为向大公司学习无用，向华为、阿里巴巴学习无用，这是典型的“学习不好，怪老师”。一切优秀者都值得学习，关键在于学习意愿、能力和方法。

任正非曾说：“过去一百年来，世界上许多成功的公司都因不能适应变化而倒下。要适应外部变化，唯有自我进化，我们必须保持开放和持续变革。”

生态开放：团结一切可以团结的力量

华为的开放还体现在团结一切可以团结的力量。对客户、供应商、竞争对手、政府、媒体等都用心维护，不树敌，不张扬，努力实现共赢，注重公司整体商业生态的稳定、友好和可持续。

虽然美国打压华为，但很多国家表示反对，华为的很多客户公开力挺华为，爱立信甚至在公开场合表示，打压华为不利于电信行业的发展。英国电信公司首席架构师尼尔·麦克雷（Neil McRae）更是公开表示：“现在只有一个真正的5G供应商，那就是华为。”更不用说中国政府和广大网民对华为的力挺，应该说这些和华为过去注重维护商业生态环境的做法不无关系，得道者多助。另外，华为面对美国的打压，主张将美国的部分政客和美国企业区别对待，美国企业，特别是上下游企业是希望与华为合作的，面对谷歌的断供，华为始终坚持合作优先，以自主研发为辅，如果美国政策允许合作，则华为依然会选择与美国企业合作，如果不能合作，华为会启用“备胎”，这些都充分体现了华为生态开放，团结一切可以团结的力量的既定政策。

华为跟别人合作，不能做“黑寡妇”。黑寡妇是拉丁美洲的一种蜘蛛，在交配后，母蜘蛛会吃掉公蜘蛛，作为自己孵化幼蜘蛛的营养来源。以前华为和别的公司合作，一两年后，华为把这些公司“吃”了或“甩”了。我们已经够强大了，内心要开放一些，谦虚一点，看问题要再深刻一些。不能小肚鸡肠，否则就是楚霸王了。我们一定要寻找更好的合作模式，实现共赢。研发还是比较开放的，但要更加开放，对内、对外都要开放。想一想我们走到今天多么不容易，我们要更多地吸收外界不同的思维方式，不停地碰撞，不要狭隘。

——《以客户为中心，加大平台投入，开放合作，实现共赢》，2010 年

我们一定要避免建立封闭的系统。我们一定要建立开放的体系。

——任正非与 2012 实验室座谈会纪要，2012 年

低作堰，就是节制自己的贪欲，自己留存的利润低一些，给客户让利多一些，以及善待上游供应商。将来的竞争就是一条产业链与一条产业链的竞争。从上游到下游的产业链整体强健，就是华为生存之本。

——任正非在华为运作与交付体系奋斗表彰大会上的讲话，2009 年

创新开放：反对封闭式的自主创新

华为支持在开放中创新，鼓励站在巨人的肩膀上取得成功。这里所说的“自主创新”是指在封闭环境中创新，是闷起头来自己搞研究。

而坚持在开放中创新，是强调在已有研究成果的基础上创新，以提升效率，少走弯路；是强调分工合作，注重生态共赢的创新，能够扬长避短，充分吸纳别人的优秀成果；是强调包容、学习的创新，能更好地谋划全局，提升视野格局，从而提升创新的成功率。

伟大的科学家牛顿说过这样一句话："我之所以比别人看得远些，是因为我站在了巨人的肩上。"

华为手机的拍照功能的不断突破很好地诠释了牛顿的这一观点。2016年，华为发布华为P9，第一次与在拍照领域享有崇高地位的徕卡公司联手，实现了从手机拍照到手机摄影大师的飞跃。徕卡至今已有100多年的历史，在徕卡的光影里，出现了非常多的历史人物和场景。徕卡一直以追求极致、精益求精闻名于世。从2013年开始，华为开始与徕卡接洽，希望达成合作，一开始徕卡拒绝了。经过不断的沟通与磨合，徕卡认定华为在技术和手机摄影上的追求与自己理念一致，双方终于达成合作。双方一致同意成立专家技术团队，主攻光学设计和图像质量。在这一合作过程中，徕卡充分发挥技术团队在光学系统设计和生产上的经验，指导华为调整镜片形状和间隔，在产品设计上充分考虑周边系统对光学部件的影响。双方团队均付出了巨大的努力，不断追求卓越，终于攻克一道道技术难关，使华为P9系列手机在摄影效果上大放异彩，领先世界。华为与徕卡的合作，是开放与合作创新的典范。试想一下，如果仅依靠华为的自主创新，短期内，要想在光学和摄影上赶超世界先进企业，几乎是不可能的。无疑，这一合作对华为和徕卡来说是双赢的。通过与徕卡合作，华为获得了顶尖的摄影产品，提升了手机产品的竞争力。而通过与华为合作，徕卡将优质的摄影体验带给成千上万的消费者，通过把原有的技术沉淀到智能手机，徕卡自身也获得了丰厚的利润和回报。

> 至于自主创新的问题，自主创新就会陷入“熵死”里面，这是一个封闭系统。我们为什么要排外？我们做什么都做得比别人好吗？为什么一定要自主，自主就是封建社会的闭关自守，我们反对自主。另外，我们在创新的过程中强调做我们有优势的部分，至于别的部分，我们应该更多地加强开放与合作，只有这样才能构建真正的战略力量。我们非常支持创新，但要在公司的主航道上才好。我们一定要避免建立封闭系统。我们一定要建立一个开放的体系，特别是硬件体系更要开放。
>
> ——任正非与2012实验室座谈会纪要，2012年

人力资源开放：激活组织和人才

只有开放才能激活人才，实现人力资源水泵的逆做功。

人力资源水泵的工作机制本质上是，用价值的合理分配撬动更好的价值创造。这样才能真正激发组织活力，华为就是通过开放的人力资源体系以及合理的价值分配机制，调动了华为19万员工的积极性和进取心。华为尽可能地开发人力资源的优势，发挥全体员工的主动性和创造性，开放地吸纳各种人才，为我所用。华为的管理体系源自西方，华为为什么能够战胜爱立信、阿尔卡特-朗讯、诺基亚？最根本的原因是，华为的组织更具活力，更有战斗力，如此才能攻无不克，战无不胜。如果华为是封闭的，抱有狭隘的民族主义和自尊心，不开放，不吸纳世界

范围内的人才，那么也不会有华为的今天。

炸开人才的金字塔，实现全球能力中心布局。

金字塔是封闭的，只有炸开金字塔，才能吸纳各种人才，这本质上还是要开放。人才绝不仅仅是中国的，或者某一个国家的。任正非引以为傲的是，通过这么多年的努力，华为网罗了一大批全球各地的顶尖人才，包括数学家、物理学家、化学家、管理专家、通信专家等。华为在全球建立了几十个能力中心，发挥了全球人才的积极性、创造性，使他们投身到华为的“航母”事业上来。不仅仅是人才，重要的还有人才管理机制、人才激励机制、专家通道建设等，都是在开放中进行创新。

华为从1997年开始接触任职资格管理体系。1997年年底，孙亚芳亲赴英国接受培训。1998年，华为正式引入英国国家职业资格证书制度（NVQ）。1998—1999年，华为借鉴该制度，建立任职资格标准。2000—2001年，华为对全体员工进行资格认证。2001年，华为开始将认证结果与人力资源其他模块结合，将任职资格标准与人才培养、激励、晋升管理相结合，以更好地促进人才发展。这是华为任职资格体系的建设过程。任职资格体系的构建对华为这样以技术引领企业发展的公司至关重要，因为这样的公司需要大量的技术人才，只有解决了技术人才职业发展通道及任职资格标准的建设问题，才能更好地吸纳优秀的技术人才并更好地培养他们。而且，真正优秀的技术专家，可以获得比部门领导更好的职级和薪酬待遇。这样的制度设计，极大地提高了广大技术人员的积极性和创造性，如此才能奠定华为技术领先的基础。毫无疑问，华为人才管理机制和人才发展理念是开放创新的，华为引入了国外的优秀管理机制，促进了人才的发展和成长。最终，这成就了华为领先的行业地位。

任正非曾说："华为拥有700多位数学家、800多位物理学家、120多位化学家、6 000多位专门做基础研究的专家、6万多名工程师所构建的研发系统，使我们快速赶上时代的进步，抢占更重要的制高点。"显而易见，没有人才的开放和全球能力中心的建设，没有全球顶级人才的加入和支持，华为不可能取得今天的成绩。

吐故纳新，增强组织的活力。水只有流动起来才可能是一汪清泉，组织里的人只有流动起来才可能充满活力。因此，吐故纳新是增强组织活力的重要手段。无论是对干部还是对员工，华为都有严谨的考核机制，选贤用能，淘汰不合格的干部和员工，让组织成员不敢懈怠和安逸，从而保持组织的战斗力。干部和员工能上能下，能进能出，才是开放的组织，人员可以合理流动的组织才是健康的组织。

我们在湖南的一个合作客户，是一家销售额达几十亿元的地产公司，赶上了过去几年地产行业的好形势，加上老板能力很强，公司业务发展迅速。由于老板对干部和员工比较宽容，多年以来，公司没有裁过员，员工待遇在当地处于领先水平，日常工作的压力也不大，公司离职率极低，内部氛围非常和谐。随着宏观环境及行业的变化，这两年压力逐渐增大，公司规模继续扩大，要成为"跨100亿"的集团公司，而老板感觉越来越难，非常吃力，很多事情落不了地，他明显感觉员工的执行力很差，但又不知道从何处下手，员工已经习惯了慢节奏，习惯了悠闲的好日子。这样下去，公司会很危险，老板为此感到非常焦虑。很明显，这家公司的员工失去了"狼"性，多年以来，人员没有吐故纳新，没有合理流动，团队丧失了危机意识，没有了活力和战斗力。因此，一个公司的离职率，包括人员的内部流动，并不是越低越好，而是基于组织活力需要，以及行业规律和公司发展需要，保持一定的比例，才能吐故纳新，活力满满。当然，离职率和内部流动率也不是越高越好，要保持在合理的范围内。

优秀的企业，像华为和阿里巴巴，都很善于对干部进行管理。任正非、马云非常善于逼迫干部和员工成长，充分发挥他们的潜力和创造力。一旦干部不行，立即换掉，不讲情面，让优秀、能干的人接棒。在这样的组织里，干部和员工反而很亢奋，为了适应组织发展需要，不断地思考、试错、学习和成长。马云发现一个规律：一个干部管理一个部门，当这个干部的在岗时间超过 2 年时，干部的激情就会下降。因此，马云一般不会让干部在岗太久。超过 2 年，就把这个干部所管理的部门重新打乱，或者把这个干部调离原岗位，目的也是保持组织活力，吐故纳新，不断激活组织。

第四章
厚积薄发，激活组织

巨额、持续、对准主城墙、饱和攻击、孤注一掷地投入，很好地诠释了华为的厚积薄发。优秀的企业都善于厚积薄发，逆势做功，跨越产业和企业自身的生命周期，持续做大做强。

厚积薄发是成语，厚积指大量、充分地积蓄；薄发指喷薄而出。厚积薄发形容只有准备充分才能办好事情，厚积薄发是华为保持组织活力的重要手段，华为几十年不间断地投入，最近十二年超过6 000亿元的研发投入，保持战略定位，对准主城墙的饱和攻击，产生了巨大的影响和回报，可以说是华为能够持续领先，取得辉煌成就的核心要素之一。

然而，经营企业是非常难的，企业的生存环境是充满危机的，企业的平均生命周期短，能做强做大的企业更是寥寥无几，处在不同阶段的企业会面临不同的困境。好不容易做强做大的极少数企业，还要面临产业结构调整、竞争加剧、组织能力退化、机构臃肿、效率低下的“中年危机”。

惶者生存，远离中年危机

日本知名企业夏普、索尼等深陷中年危机；美国知名企业柯达、惠普、摩托罗拉也没有躲过中年危机；芬兰知名企业诺基亚面对手机业务的崩盘，感叹“我们并没有做错什么”，却依然逃不过产业调整的浪潮；中国知名企业联想、搜狐也难掩中年危机的颓势；甚至连如日中天的苹果公司也备受质疑，被认为最近几年的创新乏善可陈；互联网的头部企业腾讯也面临巨大的压力，视频社交已兴起，腾讯到底还能否赶得上？

更不用提许多中国本土的中型企业，包括上市公司，由于产业周期调整、投资失误、管理混乱等，相当一部分企业丧失经营革新能力，在生死线上苦苦挣扎。

惶者生存的一个代表是三星，当三星发展成为韩国排名第一的企业时，它的继任领导者李健熙并没有沾沾自喜，他看到的更多的是危机，是“大企业病”。没有骄傲自满，时刻保持危机感使三星从韩国第一发展成为世界手机行业巨头。

青云在《王者无畏》一书中写道：“当三星的员工陷入‘韩国第一’的狂欢时，李健熙并没有被这样的成绩所迷惑。对于刚刚登上会长之位的他来说，实在没有什么值得骄傲的。毕竟，成绩是来自已故父亲的领导。‘韩国第一’并不能说明什么。毕竟韩国是一个小国，对手不是很强大，能够成为‘世界第一’，超越那些世界一流的知名企业，才是韩国企业值得骄傲的成绩。在李健熙看来，他面临更大的挑战：带领三星成为世界第一。”

在李健熙眼中，三星集团的员工们是一个个特别容易满足的井底之蛙。他们待在韩国一方小小的“井”里面，用被局限了的眼光看被自己局限了的世界，对于韩国之外的世界市场，他们一无所知。整个三星集团的员工都沉浸在三星现有的成绩中跳不出来。

李健熙对三星上上下下的员工说：“别以为现在是韩国第一就感到自满。胜过国内的公司并不是真正的胜利。我最痛恨这种自傲、自满的心态。我们与世界一流水平之间的落差，就是过去十年来不上进的证据。”

优秀的企业会建立新的势能

优秀的企业总是能建立新的势能，让自己持续发展，不断攀登新的高峰。

例如，德国的知名企业西门子，作为全球电子电气工程领域的领头羊，至今屹立不倒，已有 170 多年的历史，历经多轮新技术浪潮的洗礼，跨越几次工业革命的关键节点，成为近现代工业史的奇迹。西门子的创始人维尔纳·冯·西门子从创立西门子开始就不断进行科技创新，西门子带有强烈的创新基因，世界上第一台具有应用价值的发电机、第一条有轨电车线路、第一条电气化铁路等一系列的发明创造都出自西门子，可谓硕果累累。

韩国的三星成立于 1938 年，由李秉喆创办，至今也有 80 多年的历史，其地位仍然难以撼动，依然在多个领域处于世界第一。

华为的通信设备、手机、5G 技术、芯片等也处于世界前列，但华为毕竟还年轻，刚刚过了而立之年，会不会也陷入中年危机？好在华为对中年危机的认识是清醒的，对组织活力、熵增定律的理解是深刻的，目前华为仍然处于高速发展期，在继续攀登更多“珠穆朗玛峰”。

通过对西门子、三星和华为的分析，我们发现，虽然每个企业都有自己的成功之道，但有一点是相似的：三家优秀企业均在研发创新上投入了大量的资金，《2018 年欧盟工业研发投资排名》显示：三星的研发投入金额排名世界第一，华为排第五，西门子排第二十，分别达到 134.37 亿欧元、113.34 亿欧元、55 亿欧元；从研发经费占营业额的比重来看，三星的占比为 7.2%，华为的占比为 14.7%，西门子的占比为 6.7%，三家企业在研发投入上的占比均较高。

热力学第二定律表明，在一个封闭的系统中，热量一定会从高温流向低温，最终达到热平衡。一个封闭的系统，如果没有外力的作用，就会出现“熵死”，再也不会做功。企业陷入中年危机的过程，就是失去活力，不断熵增的过程，企业在产业和生命周期内一定要善于把原来多余的能量耗散掉，转化为新的势能，如此才能逆产业周期发展。显然，从研发投入的资金及其占营业额的比重来看，西门子、三星和华为都深谙此道，通过不断加大对新技术和新产品研发的投入，提升公司竞争力，建立新的势能。对于新势能的建立，我个人认为需要具备以下几个条件：

- 企业时刻要有危机感，而大量物质、现金的储备容易使企业丧失危机感，组织会变得惰怠和骄傲，恰似中年危机。企业发展到一定程度，一般都有一定的物质和财富积累，都会经历这个阶段。
- 把握产业生命周期规律（见图 4－1），提前布局，把多余的物质和财富投入新的产业，包括新产业的相关技术和产品等，转化为新的势能。
- 在旧的产业内，也可以通过把多余的物质和财富投入新产品的研发、新组织能力的建设等构建新的势能。

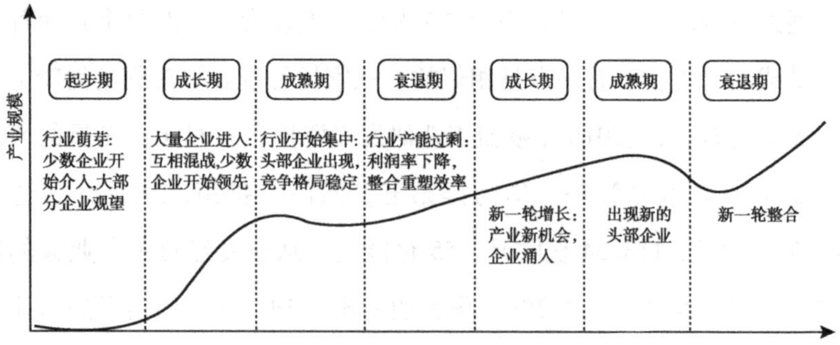

图 4－1　产业生命周期规律

- 掌握企业本身的生命周期规律，企业也有起步期、成长期、成熟期、衰退期，在合适的时机布局。特别要注意在企业上升期布局，把多余的物质和财富投入新的产业、项目或技术等。
- 保持对商业和产业的敏锐度，合理布局，激活组织的方式方法要对。例如，用积累的财富胡乱投资，肯定是错误的，并不能积累新的势能。
- 新的势能可以是新技术、新产品、新的组织能力以及所需的人才、管理方法等。总之，新的势能要有利于打破平衡，激发组织活力，实现熵减，保持竞争力。

西门子、三星、华为都准确地把握了发展规律，实现了正循环：将累积的财富持续不断地投入新的产业、产品、技术和组织等，从而转化为新势能，持续提升公司盈利能力和竞争力，然后有更多物质财富的投入，转化为更多新势能……公司不断成长和壮大。实际上，这是在将财富的厚度不断转化为企业的高度（见图4-2）。

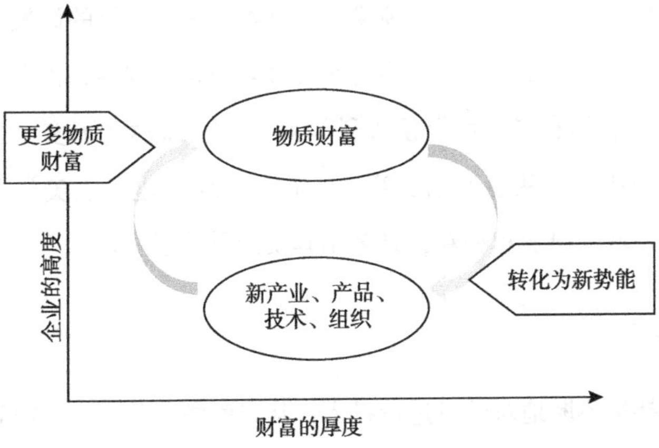

图4-2　厚积薄发：逆势做功的水泵

企业陷入中年危机的原因是多方面的，但企业失去组织活力，没有厚积薄发，没有建立新的势能和增长点，是造成危机的主要原因之一。任正非在评价苹果公司的时候曾经说过：“苹果公司很有钱，但是太保守了。”可谓一语中的，点破了苹果创新乏力的根本原因。

华为对厚积薄发的诠释

厚积薄发是华为对抗熵增，逆势做功的水泵。我对华为厚积薄发的理解是：巨额、持续、对准主城墙、饱和攻击、孤注一掷地投入，这几个特点可以很好地诠释华为是如何做到厚积薄发，如何把财富积累转变为企业新势能的。

投入巨额研发经费

根据数据统计，华为最近十二年投入的研发经费已超过 6 000 亿元，是中国研发投入最多的公司，研发投入占营业额的比例常年超过 10%，近几年这一比例更是不断攀升。这种持续、罕见的研发投入在世界也名列前茅。迄今为止，华为有 8 万多名研发工程师，占总人数的比例超过 45%，拥有多位世界顶级科学家，在全球建立了多个进行科技创新的能力中心，从事通信、算法、芯片、5G、电子、美学及未来科技等诸多领域的研发和创新，是名副其实的科技巨头。

持续投入

华为持续不断地对研发进行投入，从未间断。从图 4－3 可以看出，2008 年，华为的研发投入为 112 亿元，之后不断攀升，2019 年更是达

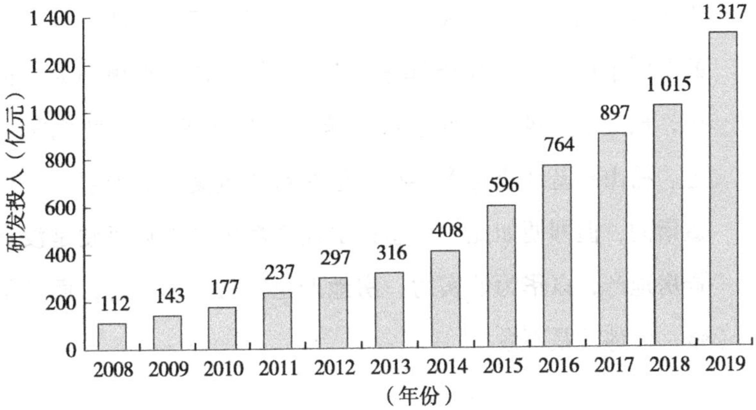

图4－3　近十二年华为的研发投入

到创纪录的1 317亿元。华为持续、高额地进行研发投入，持续地发挥几万名工程师，包括世界顶级专家和科学家的聪明才智，不断地激活组织，不断实现创新突破，从不满足，怎能不成为世界一流企业呢?

对准主目标

饱和攻击的含义是重点突破。对华为来说，重点突破一定要对准主目标。专注是华为成功的另一个核心要素。华为是典型的“理想主义者”，“两耳不闻窗外事，一心只读圣贤书”，在通信行业ICT主业务上，华为从不分散精力，不在非战略机会点上浪费公司资源。专注的另外一个表现是，拒绝一切短期利益的诱惑。华为对准主城墙的主要表现是：

- 不进行资本运作，不上市。任正非认为对资本的追求是短视的，大部分人的追求也是短视的，资本运作和上市会分散大家的注意力，过分追求短期利益会干扰公司战略目标的实现。

- 不进行多元化经营。我曾经和一位在华为工作多年，现已退休的老同事聊天，这位老同事谈道："任总是有理想的人，你想想，他是学建筑的（原重庆建筑工程学院毕业），我们深圳基地、松山湖基地建得多漂亮？他在对建筑美学的理解上是很有造诣的，但即便如此，任总在房地产辉煌的十年里硬是没有投资房地产，以华为的实力，房地产也能做得非常好，而且很赚钱，但他就是不做。"

即使是通信领域的投资，华为也是有取舍的，不是每个领域都投。20 世纪 90 年代，PHS（小灵通）技术兴起，作为 2G 时代的产物，这是落后的技术，3G 技术的发展才是潮流，3G 技术才是代表未来的领先技术。由于中国移动刚从中国电信拆分出去，中国电信想发展移动业务，但没有牌照。1997 年，余杭市邮电局局长徐福新到日本考察时发现 PHS 技术，觉察到巨大的商机。于是，他联合 UT 斯达康的吴鹰在国内推广小灵通业务，并大获成功。对于这种固话的延伸技术，到底属于固话还是移动通信，是有争议的。但在 3G 技术未成熟之前，小灵通业务获得市场的短暂追捧，很快盛极一时。即便如此，任正非表示，PHS 技术是落后的技术，是短暂的赚钱机会，不值得华为投资，华为要专注在代表未来的领先通信技术上，即便这种坚持带来了非常严重的后果。由于没有赶上小灵通的爆发，华为面临巨大的生存压力，但连续的业绩下滑并未动摇华为的战略。小灵通业务不是华为的战略目标，华为的投资始终对准主目标。

不要在一些非战略机会点上计较，否则局部利益会牵制战略竞争力量。战略机会对我们开放的时间是3～5年，大家从现状说说，你们有没有可能抢占。所以，不要说考核残酷。有人说“我还可以”，我们不是仅仅要“可以”，我们对不同干部有不同要求，你们要思考怎样担负起这个使命。如果你的销售额及利润做不上去，不是我要拿掉你的官职，你没有利润，薪酬包就被挤小了，不够员工分，在你的领导下，员工都赚不到钱，那不推翻你才怪。

——《喜马拉雅山的水为什么不能流入亚马孙河》，2014年

实际上，对准主目标的核心思想涉及利益的取舍，关乎战略选择的考量，华为在这一点上做得很好。

我们公司就是太重视细节了，缺少战略家。我们要打开城墙缺口，我不在乎你是用一发炮弹还是用六发炮弹炸开的，我要求的是打开城墙，冲进去占领这个城市，那有多少财富呀！我不是说不该降低成本和提升质量，而是要看战略机会点，看哪个更重要，一定要把战略力量集中在关键的突破口上，集中在主航道、主战场上。

——《力出一孔，要集中优势资源投入主航道，敢于去争取更大的机会与拉开更大的差距》，2011年

饱和攻击

“饱和攻击”是苏联海军总司令戈尔什科夫元帅，在美苏争霸时期，研究使用反舰导弹打击美国海军航母战斗群时制定的一种战术，即利用水面舰艇、潜艇和作战飞机等携载反舰导弹，采用大密度、连续攻

击的突防方式，在短时间内，同时从空中、水面和水下不同方向、不同层次向同一个目标发射超出其抗打击能力的导弹，使敌航母编队的海上防空系统的反导弹抗击能力在短时间内处于无法应付的饱和状态，以达到提高反舰导弹突防概率和摧毁目标的目的。关于饱和攻击，通常的解释是，在一定的时间内，利用绝对的火力优势，高密度、不间断地发射数倍于敌方的火力以摧毁敌方。

“范弗里特弹药量”是朝鲜战争中使用的名词，意指不计成本地投入高于常规量数倍甚至数十倍的庞大弹药量，进行密集轰炸和炮击，对敌方实施强力压制和毁灭性打击，意在迅速高效地歼灭敌方有生力量，使其难以进行有效防御。对于研发投入，任正非有个生动的比喻，“先开一枪，再打一炮，然后范弗里特弹药量”。先开一枪，是指针对不同前沿技术，多维度地展开研究，华为非常鼓励对未来不确定性技术进行探索。当感觉研发有可能会有突破时，就“再打一炮”；当觉得有比较大的把握时，再进行密集投入，即使用“范弗里特弹药量”。

华为对饱和攻击的诠释体现在《华为公司基本法》第二十三条：我们坚持“压强原则”，在成功关键因素和选定的战略成长点上，以超过主要竞争对手的强度配置资源，要么不做，要做，就极大地集中人力、物力和财力，实现重点突破。

因此，极大地集中公司的所有人力、物力和财力，实现对重点目标的突破，就是饱和攻击。

熟悉华为的人都知道，华为最开始从代理别人的交换机起家，后来花重金投入 C&C08 数字程控交换机的研发，当时公司抱着必胜的决心，不成功便成仁。C&C08 数字程控交换机最后取得成功，最重要的原因之一是，公司对 C&C08 数字程控交换机的投入采用的是典型的饱和攻击战略。不仅仅是 C&C08 数字程控交换机，华为智能手机中的真正爆款 Mate 7，华为芯片的从无到有，光网络设备，GSM（全球移动通信系统）无线设备……很多公司的战略性产品和技术都是饱和攻击的结果。

饱和攻击并不稀奇，在营销的过程中，其他公司也经常采用类似的打法，前些年的“脑白金”广告，采用的就是饱和攻击，饱和攻击可以使广告更形象、更容易地触达消费者。

饱和攻击的效果是显而易见的，这种集中优势兵力打歼灭战的做法，也是以弱胜强的经典打法。饱和攻击，力出一孔，集中优势兵力重点突破不对称竞争，是华为从跟随竞争对手到超越竞争对手的重要手段之一。

> 眼前最重要的不是成本问题，而是能否抓住战略机会的问题。抓住了战略机会，花多少钱都是胜利；抓不住战略机会，不花钱也是死亡。节约是节约不出华为公司的。
>
> ——任正非在上海研究所的讲话，2007 年

孤注一掷地投入

孤注一掷从来都是勇敢者的专利，孤注一掷的成功更需要智慧。经营企业的风险是巨大的，战略的选择也常常充满风险，真理往往掌握在少数人手里。什么时候该坚持，什么时候该放弃，是每个经营者都必须面对的“生死”抉择。孤注一掷的投入是企业家不畏生死、无怨无悔、

敢于担当、不怕非议的战略选择。

2000年，在关于无线电网络架构研发的选择上，任正非坚持研发更加先进的GSM技术，这也是当时最主流的技术，当时华为放弃了PHS系统，PHS系统的终端产品就是小灵通，因为这在当时是落后的技术。当时，3G通信技术代表未来的发展趋势。作为2G技术的一个分支，CDMA（码多分址）技术（主要是IS-95）也落伍了，华为选择了放弃。接连放弃了小灵通和CDMA，让华为连续错失了中国联通、中国网通和中国电信的订单，而GSM产品又面临国外厂商的激烈竞争。很快，华为在中国市场陷入困境，即使在内部也备受争议。无奈，华为只能转战海外，2000年，华为在深圳五洲宾馆举行了盛大的海外出征仪式，“雄赳赳，气昂昂，跨过鸭绿江”的歌声响彻五洲宾馆。这时候的华为是悲壮的，任正非陷入了巨大的痛苦之中，根据任正非的回忆：“个人精神上非常痛苦，度日如年。”但即便如此，任正非仍表示，不怕来自外面的压力，还会坚定地走下去。后来，国际化的巨大成功证明，当初任正非的孤注一掷是正确的。

不仅仅是GSM技术，华为终端芯片技术的突破也是在不间断地、孤注一掷地投入多年后实现的，突破之前，华为连续亏损了多年。华为终端芯片的研发可以追溯到2003年，当时被称为梅里项目，但这个项目最终失败了，时任海思总裁徐直军鼓励大家继续努力。他说：“我们华为就是‘傻傻地投’。”后来，巴龙、麒麟系列相继问世，包括巴龙720、巴龙750，麒麟920、麒麟930等，直到麒麟950，华为的终端芯片才算真正达到工艺前沿，大获成功。到现在，麒麟系列芯片已经可以与世界最先进的手机芯片媲美。

无独有偶，成功的企业总是相似的。执掌三星的李健熙在半导体领域的执着和孤注一掷与华为出奇一致。20世纪六七十年代，电子产业飞速发展，半导体的价值不言而喻。然而，韩国在半导体领域的地位不值一提，因为半导体领域的技术一直被美国和日本牢牢控制。几乎所有人都反对三星在半导体领域布局。从美国回国的李健熙却对时任三星会长、他的父亲表示："即使只有我一个人，也要试试看。"李健熙从收购韩国的半导体公司开始，吃尽苦头，前后50多次前往硅谷，引进技术和人才，付出巨大的努力，但还是不断亏损。事实上，直到1987年，李健熙父亲去世，也未能看到三星半导体盈利。当时，市场不景气，加速洗牌，英特尔退出存储芯片领域，日本电气股份有限公司（NEC）大幅缩减投资规模，而李健熙却像赌徒一样，更加疯狂地加大投资。越困难，就越要投资，连续十几年的亏损没能使李健熙动摇。再后来，市场洗牌，经过几次大的"战役"，行业巨头纷纷倒下，奇梦达资金链断裂并最终破产，尔必达于2012年被美光收购。至此，整个DRAM（动态随机存取存储器）行业只剩下三星、SK海力士和美光。其中，三星和SK海力士两大韩国巨头独占75%的份额，成为行业霸主。

企业家在正确判断的前提下，能够坚持投入，不受干扰，孤注一掷，往往能异军突起，取得成功！

任正非曾表示，华为没那么伟大，华为的成功也没什么秘密！华为为什么能成功，华为就是最典型的阿甘，阿甘就是一个字"傻"。阿甘精神就是目标坚定、专注执着、默默奉献、埋头苦干！华为就是阿甘，认准方向，朝着目标，"傻"干、"傻"付出、"傻"投入。华为选择了通信行业，这个行业比较窄，市场规模没那么大，面对的又是世界级的竞争对手，华为没有别的选择，只能聚焦，只能集中资源朝着一个方向前进，犹如部队攻城，选择薄弱环节，尖刀队在城墙上先撕开一个口子，两翼的部队蜂拥而上，把这个口子从两边快速拉开，千军万马压过去，不断扫除前进中的障碍，最终形成不可阻挡的潮流，将缺口冲成大道，城就是你的了。这就是华为人的“傻”干！

从泥坑中爬起来的是圣人

厚积薄发除了持续地对准主城墙进行饱和攻击外，还需要包容失败，因为失败是成功之母。任正非曾说：“从泥坑中爬起来的才是圣人，烧不死的鸟是凤凰。”

历史总喜欢开玩笑，2003 年，华为差点被摩托罗拉收购，由于价格没谈拢，最后作罢。如今，摩托罗拉已被联想收购，而华为却如日中天。

华为终端事业部过去很长一段时间都是华为的“鸡肋”，是运营商业务的补充，直到 2012 年，华为开始重视消费者业务，华为手机才开始一路逆袭，彻底摆脱低端机的形象。然而，过程并非一帆风顺，而是波折不断，直到 Mate 7 手机大卖，华为终于把手机做成功了。这个过程中也经历过很多失败，比如华为 Ascend 等几个系列现在已经不存在，并未取得成功。2016 年之前，由于消费者业务一直备受质疑，华为内部对余承东主管的消费者业务能否取得成功存在争议，但任正非一直都坚定地支持余承东。华为手机的成功，是包容失败的结果。

在华为，这样的例子不胜枚举，创新突破、厚积薄发的前提是包容失败。因为走向成功的路不会是一条直线，是曲折的，只有不断总结经验教训，持续投入，不断前进，最终才能获得胜利。

> “从泥坑中爬起来的才是圣人”，研发要坚持开放与创新，要包容失败。在研发上，相当大的内容是创新，但创新最多的结果可能是错误，而不是成功。如果不包容错误，不包容从泥坑里面爬起来的人，就是假创新，不是真创新。走对了路升得快，走错了路升得慢，但即使所有人都走对了路，只有你走错了，也不要担忧。只要有后发之劲，就有机会重新起来。我们的软交换和CDMA，就是后发制人的例子，当时我们处于劣势，但后面赶上来了。大公司的优点就是可以调集优势资源，采取压强原则，快速改变节奏。因此要包容失败，包容失败的人，只有这样，我们才有明天和光辉的未来，否则我们就没有明天。
>
> ——任正非在PSST体系干部大会上的讲话，2008年

筑巢引凤，全球人才布局

没有人才的“厚积”，就不会有华为的“薄发”。华为作为高科技企业，人才是第一位的。为此，华为在全球建立几十个能力中心，吸引全球顶级的专家和科学家。筑巢是在人才密集的地方布局，是机构跟着人才走，不是人才跟着机构走。华为不仅提供良好的薪酬福利待遇，而且在体制机制上进行创新，比如专家可以比管理干部的职级更高，待遇更好。华为建立专家通道和管理通道两条职业发展路径，更好地吸引和留住技术人才。华为给予专家更高的荣誉、尊重等。

华为高管丁耘表示：“微波就是一个例子。我们在米兰找到了合适

的顶尖专家，就决定把能力中心建在米兰，围绕他建立一个团队。现在华为已经在米兰建成一个研究所，该研究所成为微波的全球能力中心。”

华为的能力中心建设包括几种情况：一是在全球各地设立研发中心，主要吸纳当地优秀人才，进行技术攻关和突破。例如，在印度设立软件工程研发中心；在法国设立美学、图像研发中心；在俄罗斯设立数学研发中心；在美国设立软件、架构、终端研发中心等。至今海外已有超过 16 个研发中心。二是设立培训中心，在澳大利亚、美国、马来西亚、日本、印度、俄罗斯、德国等几十个国家和地区设立培训中心，主要满足华为全球人才的培训需求，包括部分客户的培训需求等。三是在全球设立账务共享中心，现已设立马来西亚、毛里求斯、巴西等七大账务共享中心，目的是满足全球业务的高效结算和报销需要。四是设立全球 HR 共享中心，包括中国、马来西亚 HR 共享中心，主要是实现全球 HR 的共享和高效服务，包括人事、社保、发薪等基础的 HR 业务处理等。此外，华为还设立了中转中心等各类能力中心。建设能力中心的目的是吸纳当地人才或利用当地各种资源、环境优势以满足全球业务高效发展的需要。

这段时间，我和国内某知名电网集团就人才发展项目进行洽谈，谈及一流企业如何找到自己的标杆，以更好地对照标杆进行学习。其间，也聊到了华为的能力中心建设。事实上，华为已经不只以某一个企业为标杆了。华为的能力中心，更多地通过吸纳全球优秀、顶级人才来取得领先优势，向领域内优秀企业和顶级专家学习。简而言之，华为的标杆是基于华为的战略目标需要，向多个不同领域的佼佼者学习、取经，华为的标杆是各行各业的领军者，而不是某个企业，更不是某个竞争对手。

第五章
激活组织才能让战略真正落地

战略从来不是做出来的，而是打出来的。战略的核心要领在于执行，华为从来都强调战略执行力，从来都强调执行力胜于战略。

转眼到了2020年，生活在智能时代的年轻人，看到的智能手机市场有苹果、三星和华为三大巨头，还有小米、OPPO、VIVO等中国厂商，再过几年很可能只剩下苹果、三星和华为三分天下。然而，13年前的2007年，苹果手机刚刚被推出，标志着智能手机时代的到来。彼时的诺基亚仍然是龙头老大，占据近40%的市场份额，至今，也没有一个手机品牌能达到其当时的高度。然而，这个巨人年迈体衰，正在错过一个崭新的、容不下自己庞大身躯的时代。因为看不到移动互联网的迅猛发展和智能手机时代的到来，诺基亚管理层做出了一系列错误、低效的决策。他们骄傲地认为触控屏没有出路、不成熟且成本太高，并且死守塞班系统和WP系统，拒绝加入安卓阵营。2004年，诺基亚内部已经开发出触控屏技术、3D技术，以及自己的应用平台，这些都比苹果早。在安卓系统被推出之前，谷歌曾力邀诺基亚一起开发，被诺基亚一口回绝。一系列错误的战略选择，导致昔日的霸主诺基亚，陨落西山。战略选择错误的，不只是诺基亚。

柯达看不到数字技术取代胶片的趋势，彻底没落。雅虎错过了搜索引擎技术革新和移动互联网，从此衰落。微软也犯过同样错误，固守PC（个人电脑）时代的思维，使其错过了移动互联网系统。犯过类似错误的公司还有许多。其实，战略选择并不容易。

战略制定和选择为什么艰难

商业环境是复杂多变的

战略是一种从全局考虑谋划，以实现全局目标的规划。企业所面临的商业环境是复杂多变的，宏观环境的调整、产业结构的调整、政策的变化、技术的革新、市场竞争、天灾人祸、公司能力边界等都会对公司造成重大影响。商业环境的变化是非线性的，需要考虑的因素和变量太多，不是简单的“是”或“否”。战略选择涉及一个企业的重大利益，意味着人力、财力、物力的巨大投入，一旦选择错误，损失是极其惨重的。因此，制定战略的过程常常是反反复复、苦思冥想、波折不断的过程。真正下定决心，做出正确决策是很艰难的，战略选择是一件极其考验企业家智慧的事情。

战略选择常常是摸着石头过河

战略选择更需要把握时机，商场如战场，机会稍纵即逝，曾国藩曾说：“先静之，再思之，五六分把握即做之”。为什么？因为很少有百分之百确定的事情，换作商场更是如此，如果所有人都能看到机会，那就意味着市场已经没有机会了。因此，战略选择常常是摸着石头过河，在过河的途中才知道河水深浅，河水是冷是热，有没有障碍物，能不能过得去，过去了才知道过河对不对。在摸索中前行，在迷雾中寻找灯塔，在黑暗中寻找光明是战略选择的常态。任正非曾说：“一个清晰的方向，是在混沌中产生的，是从灰色中脱颖而出的，方向是随时间与空间而变的，它常常又会变得不清晰，并不是非白即黑，非此即彼。”

打败自己的往往是看不见的对手

打败自己的往往是看不见的对手，这是更难把握的事情。例如，苹果战胜诺基亚并不是因为苹果做出了功能手机，而是因为苹果开启了一个新的智能手机时代。诺基亚可能从一开始就没有把苹果当作竞争对手，它们认为摩托罗拉、爱立信才是竞争对手。近年来，共享单车的兴起，让台湾和大陆的主流运动自行车品牌的门店数量和销量齐齐腰斩。基于移动互联网而迅速发展起来的外卖，使得方便面头部企业康师傅和统一的销量明显下滑。移动互联网时代的迅猛发展造就了阿里巴巴、腾讯这样的互联网巨头，阿里巴巴的电商平台淘宝、天猫越做越大。2017年11月，阿里巴巴注资224亿港元收购了大润发，在宣布并购的同时，对大润发的组织和人事安排做了调整，大润发的创始人黄明端辞去了执行董事的职务，临走时他对媒体说了这么一番话：“我们战胜了竞争对手，却输给了时代。”网络购物时代的兴起对实体商超产生了巨大的冲击。大润发怎么也想不到，打败他的不是传统的竞争对手，而是电商，一个移动互联网时代崛起的新物种。

被非原来产业的新竞争对手颠覆是最难把握和应对的。不仅仅是技术，还包括商业模式的变革、组织文化体系的全面颠覆等，令人猝不及防，毫无还手之力。

战略决策不一定是科学决策

张维迎教授曾表述：苹果在2007年和2010年先后推出了iPhone和iPad产品。苹果曾考虑将第一代iPhone处理器的生产委托给英特尔公司。乔布斯找到欧德宁［时任英特尔 CEO（首席执行官）］，开出的价格是 10 美元，除此之外不给一分钱。英特尔组织一个团队进行周密测算，得出的结论是，根据这个价格，公司肯定赔本。欧德宁接受了下属的建议，回绝了苹果。苹果转向三星，三星由此迅速做大，从全球第 10 位跃升到第 3 位。事实证明，英特尔的测算是错误的。iPhone 的生产量达到了英特尔团队所预计的百倍之多，这让英特尔后悔莫及。

同样，华为手机在余承东接手之后，就确定了战略目标：做世界第一。而华为手机当时的状况是，没有技术、没有创新、缺乏设计、没有品牌，甚至连销售采用的都是捆绑运营商的传统模式，在市场上毫无建树。华为员工自己都不愿意购买和使用华为手机。无论如何理性决策，包括数据测算，华为手机都很难做到世界第一。更何况，三星、苹果手机当时已经如日中天，华为那时候在手机端没有任何拿得出手的硬实力。当年华为的芯片还没有发展起来，操作系统、电池、屏幕等几个关键主件的相关技术都没有，华为也从未涉足 ToC 市场，对移动互联网行业也很陌生，在这样的情况下，如何争做“世界第一”呢？显然，华为手机当时定下“世界第一”的战略目标，更多的是主观意志，而非客观实力的体现。

这两个事例说明企业家的决策不一定是科学决策，也不一定是管理决策。战略决策既包括企业家决策，也包括管理决策。企业家往往依靠感觉和主观意志做决策。有时候，战略决策是非理性决策，更多体现了主观意志，而不是根据实际的测算和评估，这种决策更难被掌握，也没有规律可循，更多依靠企业家自身的敏锐度和经验，即任正非所说的灰度，要做到每次都正确，非常难。

做出正确战略决策之后是否就能获胜

做出正确战略决策之后，核心在于执行。“起了个大早，赶了个晚集”的情况比比皆是。而另外一种情况是，起得晚，但执行到位，因而能够后发制人，这样的例子也不少。例如，无论是触控屏技术，还是应用系统，诺基亚一开始都走在苹果前面，而后来诺基亚掉队，反而是苹果完成了超越；雅虎在搜索引擎上的布局比谷歌要早，而谷歌后来居上；三星布局半导体存储芯片时，市场已经被美国和日本公司垄断，三星硬是杀出一条血路，成为行业龙头。华为更是如此，无论是通信设备业务，还是最近突飞猛进的智能手机业务，华为都是后发制人，完成了对对手的超越，以至于到现在还有学者批评华为没有原创性的发明。因此，即使战略正确，也不能保证企业获胜。对于很多企业来说，哪怕战略正确，在战略的实施过程中仍然会出现诸多错误。

战略只是方向性指引，需要战略解码的能力

战略作为方向性规划，是很难被理解和执行的。对于很多公司来说，战略方向和目标在老板的脑子里，即使老板每次和下属强调战略目标是什么，也很难实施，因为不具备实施条件。战略目标是需要分解的，至少要分解到部门一级，即各个部门的目标是什么，该怎么达成。战略目标需要不断细化，细化成具体的目标和行动才有意义。

即便对战略进行解码，制定了具体的目标，也会出现问题

我们常常看到，很多公司分解战略，把目标分到具体部门，甚至员

工个人头上，却还是达不成目标。这是因为缺乏达成目标的方法、工具和资源，战略难以实施。战略的执行需要对现实条件进行评估，找到落地的方法，需要激励团队，需要资源、组织、人才和机制的配合，若不具备这些条件，则战略就是一句空话，很难落地。

从战略制定到目标分解，到考核激励，是一个完整的闭环

分解了战略，有了目标，有了工具和方法之后，考核和激励也必须跟上，在华为这叫作全面绩效管理。若没有考核和激励，则始终不能算闭环，会导致战略失败。考核和激励的目的主要是，希望通过考核机制的设计、利益机制的安排，引起团队成员的重视，达成目标；希望团队的努力方向与公司战略目标一致，不要用错了劲或者抓不住重点。

战略落地需要充分沟通

很多公司的战略只在老板自己脑子里或者仅对核心高层公开，大部分人并不知晓公司要向什么方向发展，需要做什么才能支撑战略，以及应该怎么做。这不利于大家达成共识，不利于保持目标的一致性，不利于目标的实施和落地，因为不谋全局者不足以谋一域。华为每年的战略规划会议会要求公司绝大部分的员工参与，员工要充分知晓和理解更上一层组织的规划方向和目标。员工要参与讨论部门目标的制定，部门要参与讨论公司目标的制定，战略目标的制定只是其中一部分，更重要的是讨论如何达成战略目标。战略目标的解码和讨论有利于上上下下统一思想，统一认识，从而力出一孔，实现目标。

2019 年，我与一家上市公司的董事长兼 CEO 讨论他们公司的战略

规划。公司的战略规划方向主要是由传统的制造业务向数字营销业务转型。公司设有战略规划部门及其他职能部门，有十几个子公司，涉及传统制造业务和数字营销业务。公司 2019 年的战略规划由战略规划部门起草，内容基本来源于董事长的战略思想和布局。战略规划的内容包括宏观环境、行业前景分析、转型方向以及重要的几件事情。在讨论的过程中，我发现了几个问题：一是这个战略规划主要是董事长个人的想法，战略规划部门负责草拟，集团其他职能部门对此并不了解，子公司高层，包括子公司总经理没有参与公司战略规划的讨论。二是虽然战略目标被分解为具体目标，也落实了责任人，但责任人只有职能部门负责人，而业务部门没有被纳入。三是如何达成战略规划和具体目标，如何考核，如何激励，有哪些困难，如何突破，以及如何执行预算支持、授权、落地方案等。我问董事长："为什么不与主要高层，包括子公司高管一起讨论公司战略规划?"董事长的回答是："为了节约时间，讨不讨论，结果都是一样的，还不如直接告诉大家 2019 年的战略规划，大家配合实施即可。另外，部分子公司的高管不太了解新业务，水平有限，无法提供有效建议，甚至可能提出反对意见，因此也没有讨论的必要。"至于后续的实施办法、预算支持、考核激励、责任担当等在战略规划中也都没有被考虑。显而易见，这位董事长并不理解战略规划需要战略目标分解、统一思想、考核激励以及工具方法。他的理解是：战略规划本就是董事长分内之事，由规划部门配合制定，其他人只负责执行。这个战略规划的实施结果可想而知，我后来了解到他们 2019 年的战略规划完全没有落地，形同虚设，这种"拍脑袋式的战略规划"一开始就注定会失败！

组织活力差，执行效率低

组织没有被激活，效率低，迟迟不能达成目标，这样的公司往往会被竞争对手超越。前面我分析了很多企业的中年危机，中年危机的一个重要特点是：随着企业规模的不断增大，边际效益在递减，表现为机构臃肿、决策低效、员工懒惰、部门墙厚重等。组织活力差，执行效率低的本质是惰怠，上上下下的惰怠。任正非最不能容忍的是组织惰怠，他曾说："我们决不允许出现组织'黑洞'，这个黑洞就是惰怠，不能让它吞噬了我们的光和热，吞噬了活力。"

2020年，很久没有出现在公众视野的搜狐，因为严格的考勤规定上了热搜榜。搜狐的考勤新规规定：所有员工须在9：30之前到岗，迟到一次罚款500元。这引发舆论热议。部分网友认为搜狐通过罚款来解决员工迟到问题，是违反《劳动法》的。对此，搜狐创始人张朝阳回应称："资本家剥削员工，但市场剥削资本家。企业面临激烈的市场竞争，只有每个员工努力工作，产出比最大化，才能赢得竞争，员工的工作才能保得住。原来搜狐的考勤比较松散，2020年在考勤上要严抓。"

20世纪90年代，搜狐的出现是中国互联网兴起的标志性事件，张朝阳一度被称为"中国互联网第一人。"连张朝阳自己也曾说："搜狐的历史是中国互联网的半部史。"他曾想招募李彦宏加入，也拒绝过马云的求职申请，并放弃购买马化腾的QQ，以互联网前辈的身份与BAT（百度、阿里巴巴、腾讯的简称）三位掌门人均有过交集，足以说明当时搜狐在中国互联网行业的地位。在张朝阳风光的时候，BAT还不成气候，那时候的张朝阳于BAT的掌门人来说，是偶像一般的存在。搜狐也被喻为互联网的“黄埔军校”，离开搜狐的古永锵创立了优酷，李学凌创立了欢聚时代，龚宇创立了爱奇艺，李善友创立了酷6网……可想而知，鼎盛时期的搜狐人才济济，将星如云。2008年，搜狐迎来了自己的光辉时刻，依托奥运会的加持，搜狐的业绩首次超越新浪，一举成为龙头老大。到2013年，搜狐的发展势头依旧迅猛，囊括了门户网站、输入法、游戏（畅游）、浏览器、视频、汽车等，每一项都占据了较好的位置，也都代表互联网的发展趋势。

然而，好景不长，虽然搜狐业务种类大而全，然而每一个单项业务做得都不是最好。随着移动互联网的飞速发展，门户网站已经不是公众的优选，搜狐游戏相较于腾讯和网易，大幅落后，已无法匹敌；视频业务直接被关闭，浏览器、汽车等业务面临激烈的竞争，这样搜狐慢慢掉队了。到2019年，不要说与BAT相比，即使与同时代的门户网站新浪、网易相比，无论是市值还是业绩，搜狐都相差很多。根据公开信息披露，2019年网易市值达411.76亿美元，新浪市值达22.78亿美元，而搜狐的市值只有3.74亿美元。在利润方面，搜狐仍然在苦苦挣扎，希望能扭亏为盈。

搜狐由盛而衰，有很多影响因素，包括战略选择、行业趋势、创始人的管理能力等。但其中很重要的一点是，搜狐的执行力和效率太低。搜狐对于互联网发展趋势的洞察和判断是具备前瞻性的，无论是视频、游戏还是输入法、社交，都是趋势性业务，但是在竞争过程中，搜狐总是不能坚持，不能甩开对手，不能做到细分领域的第一，反而被对手超越。张朝阳似乎意识到了这个问题，曾经对媒体表示：搜狐复兴最大的难题是管理和文化。张朝阳个性宽厚随和，搜狐的企业文化也是一贯的

"好人文化"，内部管理松散，组织没有战斗力。2015 年，他曾在搜狐内部的讲话中提道："往下走的时候，我还是想强调我们的执行力，我们必须一改过去迂腐的状态，强调执行力。做好的决定，在定好的日期就要完成，加班加点也得完成。"这次强调考勤，无非是搜狐想改变过去的低效率的一个缩影。

从搜狐的发展历程我们可以看出，若组织活力差，执行效率低，则做什么战略几乎都是无用的，再科学精准的计划也不过是一张白纸，这样的企业是会被竞争对手打败、被市场淘汰的。因此，组织激活显得更加重要，激活组织才能确保战略的真正执行。

战略执行力

在华为有个词叫作战略执行力。什么叫战略执行力？就是战略与执行浑然一体，难以区分。因为战略制定的过程可能也是战略执行的过程，战略的本质是满足客户需求，对客户需求的理解和满足需要在执行的过程中不断澄清目标，不断给出解决方案。但是，满足客户需求很多时候不是一次就能到位的，需要不断调整。

一方面，客户的需求在不断变化，公司的战略目标需要随客户需求而变，原来的战略目标需要及时调整。另一方面，随着与客户沟通、交流的深入，公司发现原定战略目标不正确或者不能满足客户需求，需要及时调整。战略制定是从混沌模糊到逐渐清晰的过程。

另外，战略制定和执行有时候是分不开的，二者的边界越来越模糊。很多时候，战略的正确与否需要快速执行、不断试错才能检验。在信息时代，技术日新月异，环境瞬息万变，战略目标的时效性越来越短，原来做好的战略，过一段时间可能就无法适应市场和客户需求了，也需要调整。因此，组织活力变得尤为关键。

任正非曾经说过："华为没有战略，如果有的话就是活下去。"阿里巴巴的董事长张勇曾经说过："大部分今天看来成功的所谓战略决策，常常伴随着偶然的被动选择，只不过是决策者、执行者的奋勇向前罢了。"华为原高管费敏曾经说过："华为自始至终的战略就是'执行力取胜战略'。"

因此，只有激活组织才能让战略真正落地。没有组织的激活，没有组织的奋勇向前，战略就是一句空话。华为的巨大成就完美地诠释了执行力是取胜的法宝。我在华为工作多年，我常常想，华为整个组织有一股精气神，有一种独特的气质，这是其他很多企业没有的。华为像一支优秀的军队，攻无不克，战无不胜。华为没有几个员工能够习惯于岗位上的闲暇，积极地接任务、做事情、出成果，早已成为华为人特有的一种群体意识、价值准则和共振磁场。强大、时刻充满危机意识、永不满足、充满活力的组织才是真正的战斗堡垒，才是华为取胜的关键。

组织激活对战略落地的意义

组织的活力和执行力是战略取得成功的关键，它对战略的意义主要体现在：

在战略正确的情况下，组织活力和执行力是战略成功的关键

前面我们分析了，战略与执行密不可分，战略执行能力、组织的战斗力是如此重要，怎么强调其重要性都不为过。中国改革开放40多年

取得巨大成就，不仅仅是因为中央政策得力，还因为全面激发了中华儿女奋斗的激情和主观能动性。华为通信设备业务，早年无法在大城市立足，依靠“农村包围城市”策略，通过在亚非拉等欠发达市场的突破，最终进入德国、英国等发达市场，获得一流电信运营商的认可，并逐渐超越竞争对手。这个过程本身就是通过产品、服务不断逆袭的过程，是组织活力、执行力发挥到极致的体现。

在战略失误的情况下，能够快速地修正和纠错

根据《厚积薄发》一书的记载，华为在就 IP（网际互联协议）技术（基于互联网的简单传输技术）和 ATM（异步传输模式）技术（基于电信的实时、可靠的传输技术）进行选择时就出现过战略选择失误。当时，华为认为 ATM 技术是更先进的传输技术，按照以往的经验和逻辑，这个技术一定是代表未来发展趋势的，是客户的必然选择。当华为把这个技术方案提交给客户时，客户的批评随之而来：“华为根本不懂新一代电信网络!”费尽周折研发出来的技术和产品，得不到客户的认可，没有鲜花和掌声，只有血淋淋的教训，客户不允许华为的产品入网。就在大家感到绝望时，管理层决定调整战略方向，选择 IP 技术，重新做平台。从头开始，要求研发团队必须在一年内完成从操作系统、数据库到通信机制等所有功能的构建。面临的困难是不言而喻的，华为的员工除了拼命工作，继续奋斗，别无他法。2003 年，软交换平台逐渐成形，构建了众多基础架构和技术，关键技术指标和性能全面超越竞争对手，最终获得客户的青睐。这是典型的从战略失误到战略调整，再到逆袭的案例。这样的例子，在华为还有很多。因为华为的组织活力超越了竞争对手，华为员工焕发出极大的工作热情，所以华为能够在短期

内超越竞争对手。

在战略不清晰的情况下，通过执行力使战略逐渐清晰并加以弥补

几乎任何一项重大创新，一开始都只是一个重大的方向性选择，只是一种趋势，是人们脑海中对未来场景的想象和描述。知道要去哪，但不一定知道应怎么去。对大趋势的研判需要能力，知道如何做才是关键。例如，在未来大数据时代，数据流量到底会有多大，大数据与 AI 的结合会产生怎样的应用场景，哪些点会先爆发等都是未知的，需要不断探索，这时候就需要通过执行力逐步摸清客观规律，然后才能实现突破。

2016 年，任正非在全国科技创新大会上的讲话，表达了华为攻入“无人区”的焦虑：一方面，人类逐渐进入智能社会，华为还不清楚智能时代的深度和广度，无法基于目前的认知去为未来做准备，去描绘智能社会的游戏规则；另一方面，华为通信设备业务在超越竞争对手之后，进入了“无人区”，从以前的跟随变成了引领，在没有向导的情况下，华为会不会迷航？再者，华为的创新还没有真正的、革命性的原创突破，停留在工程数学、物理算法等应用层面，攻入“无人区”将面临全新挑战，华为需要突破香农定理和摩尔定律这些主导科技发展的基础理论，这也是巨大的挑战。

马化腾曾说：“每一个身处互联网行业的人都会有一种巨大的危机感——这里的产品和用户需求变化之快，对技术研发能力的依赖之深，都是史无前例的。这里没有侥幸，没有永远的第一，甚至也没有对错，只要用户没兴趣了，你就会被淘汰掉，这是互联网行业的残酷。”

复杂、多变、不确定的商业环境，让战略选择的难度越来越大；战略与执行的界限越来越模糊，战略的正确性需要在执行过程中得到检验；在技术、信息、数据大爆炸时代，战略的时效性越来越短。因此，只有激发组织的活力，增强组织的能力，提升组织的效率，才能及时调整战略，快速试错，适应市场，才能应对复杂多变的商业环境，才能让战略真正落地！

第六章

以客户为中心，激活组织，瞄准价值创造

以客户为中心是华为的生存之本、活力之源，

客户是华为一切工作的中心，全员从此

有了明确、具体、可执行的方向。

企业如果不解决以什么为中心的问题，

就会陷入无序的混乱状态。

以客户为中心，是华为的核心价值观之一，怎么强调其重要性都不为过。世界上，所有真正成功的公司都做到了以客户为中心，因为客户是所有公司的衣食父母，为客户服务、为客户创造价值是公司赖以生存的基础，没有客户，就没有商业成功。

为什么以客户为中心可以激活组织

以客户为中心指明组织奋斗方向

企业是由很多个体组成的，不同个体的出身、思维方式、工作方式、对工作的理解都不一样，对工作方向、工作重心的把握也不一样，如果不解决以什么为中心的问题，就无法使大家心往一处想，劲往一处使，甚至出现南辕北辙、互相拖后腿的情况，组织就会陷入无序状态。前面我们介绍过，组织从有序到无序就是熵增，这种状态如果持续下去，最后的结果就是“熵死”。因此，所有企业都必须解决以什么为中心的问题，力出一孔，贯彻到位，才能激活组织，有序经营。

记得有一次与某科技企业进行研讨，在现场我提出了一个问题：公司的企业文化和核心价值观是什么？在座的十几位高管竟无一人能回答，让我非常诧异。很多企业可能都会出现类似的情况，公司不重视企业文化，认为企业文化是虚的，并不会对工作产生实际意义。经过研讨发现，这个公司的问题还是很明显的，高管来自不同的公司，思维习惯、工作方式、专业能力都不一样，在现场高管们就因为一些问题起了争执。部门墙厚，制度流程是各部门单独建立的，完全没有站在客户的角度考虑制度流程是否合适。这样的后果是：虽然公司规模不大，但内耗严重；老板带进来销售订单，但公司内部承接能力弱，导致客户订单履约能力差；工作方向、中心、重心不一致。例如，公司 CTO（首席技术官）认为，现阶段不应以客户为中心，而应以投资人为中心，这显然是错误的。因此，任何一家公司首先必须要解决以什么为中心的问题，否则制度和流程建设就缺乏基础，干部和员工的方向不一致，会导致公司陷入无序状态。企业文化是公司发展的基础、核心与纲领。另外，好的企业文化能够减少管理动作，让员工自动自发地遵从。

逆向做功，逆人性本能

根据熵增定律，在封闭的系统中，水一定会从高处流到低处。如果没有外力（太阳照射）的作用，水就不能变成水蒸气，也就没有降雨，地球就会变成超级大沙漠，人类就会灭亡。人类需要生存，人的本性是优先保证自己活下去，所以人性的本能是以自我为中心，工作中以老板为中心，本质上还是以自我为中心，以为自身获取更多利益。对于人性来讲，以客户为中心就是逆向做功，好比太阳照射地球会产生水蒸气，逆人性本能做功，才能为企业创造价值。企业得以生存，企业发展得越好，个人才能获得更多利益。如果人人以自我为中心，组织就形成不了有效合力，就会变得无序、混沌和没有势能，企业这艘船就会沉没，个人也就得不到利益。

商业成功的本质是为客户创造价值，只有胜利才能激活组织

一个组织要想有活力，归根结底是要打胜仗，如果总是打败仗，组织是无法激活的。只有带领员工取得一个又一个的胜利，组织才有活力。而商业成功的本质是为客户创造价值，如果没有价值创造，就不可能取得商业上的成功。华为的组织这么有活力，实际上是在满足了一个个客户需求之后自然而然的商业成功，不断的成功，又会激励组织攀登更高的山峰。因此，以客户为中心，才能真正激活组织。任何企业获得成功都是因为解决了社会或行业的巨大痛点和需求，越是成功的企业越是如此。相反，企业失败往往是因为不能解决社会、行业或客户的问题，没有存在价值，企业只能倒闭，这样的组织不可能有活力。

投资人判断一个创业项目是否有价值，最重要的一个标准是：这个项目解决了社会或行业的哪些痛点，该项目提供的产品或解决方案是否是刚需。离开华为后，我一直从事投资和咨询工作，接触了大量的创业项目。特别是近几年，互联网项目同质化非常严重，我常常与别人分享：大部分创业者抓住了社会痛点，认为自己“杀”入了“蓝海”市场，实际上是一片“血海”，连“红海”都不是。大部分的项目是创业者主观认为有价值，实际上没有任何价值，注定要失败。这些项目失败的根本原因是没能为客户创造价值，很多是社会不需要的产品或服务。前几年出现O2O（离线商务模式）热潮，各种上门服务层出不穷，上门保养、上门理发、上门做菜、上门按摩……，当时一大批企业和很多创投基金专门布局O2O。事实证明，各种上门服务并不是客户的刚需，这些企业后来基本上都倒闭了。智能家居产业出现了各种版本的智能家

居产品和解决方案，大部分没有得到市场和消费者的认可，根本原因还是智能家居不够智能，不能解决客户刚需。例如，用 App（应用程序）控制灯泡开关等轻智能，与手动开关并无明显差异，也没有提供真正的价值。因此，有人认为，智能家居产品中，目前真正解决客户刚需的只有智能门锁，其他产品还没有得到市场验证。

是否为客户创造价值，是判断组织有序无序、有无活力的标准

华为这台活力引擎的轴心是客户，是否为客户创造价值是评判有序无序、熵增熵减的标准。要为客户创造价值，必然要以客户为中心。

> 从企业活下去的根本来看，企业要有利润，但利润只能从客户那里来。华为的生存本身是靠满足客户需求，提供客户所需的产品和服务，并获得合理回报；员工是要求给工资的，股东是要求给回报的，天底下唯一给华为钱的，只有客户。我们不为客户服务，还能为谁服务？客户是我们生存的唯一理由。
>
> ——《华为公司的核心价值观》，2007 年

以客户为中心是所有优秀企业的共同选择

以客户为中心，不是华为的专利，是所有优秀企业的共同选择。

苹果手机一经推出，风靡全球，本质上是满足了大众对高品质、高颜值、智能化、集约化、简单好用的电子产品的消费需求。正因为苹果产品的卓越和划时代意义，乔布斯在去世之后仍然广受赞誉。孙正义曾给予乔布斯极高的评价：“乔布斯是我们这个时代的天才，他具备将艺

术与科技融合在一起的卓越能力。今后的几个世纪，他将与达·芬奇一同被人们铭记。他的成就将永远闪耀光芒。”

“为发烧而生”的小米手机横空出世，包括后来的硬件生态，本质上是把硬件产品的性价比做到极致，物美价廉，满足了一部分喜欢高性价比产品的消费者的需求。这也是以客户为中心的体现。

劳斯莱斯之所以令人向往，本质上是满足了一部分高端消费者对高端汽车产品的需求。

华为运营商业务的成功，本质上是通过技术不断革新，创造出更好的产品，解决了客户痛点，同时，提供了更加优质、更具性价比的产品和服务。

亚马逊的官网把以客户为中心放在最显眼的位置：“我们要全力成为全球最以客户为中心的公司。”总裁贝索斯要求公司所有的工作必须围绕客户展开。例如：亚马逊的一线客服人员拥有很大的权力，如果他们接到同一产品不同顾客的两次抱怨，就有权直接将产品下架。

胖东来的创始人于东来更是直接说：“心里没有顾客，供什么财神都是无用的。”胖东来将以客户为中心做到了极致：提供免费充电宝，顾客可以免费打电话、免费喝水；配置母婴室、六种购物车（供老人、儿童、成人等不同人群使用）、四种马桶（分别适用于成人、儿童、婴儿、残疾人）……总之，你能想到的商场都有配置，你想不到的也有，真正做到了站在客户角度差异化、全场景地考虑受众体验，这种服务已经做到了“毛孔般”的细致。

高通、谷歌、丰田、大众、阿里巴巴、京东、富士康、海底捞……一大批优质企业都是因为满足了客户需求，甚至超出了客户期待，才产生巨大的商业价值，这些都是以客户为中心的体现。

但我们也发现，还有很大一部分企业，嘴上说的是“客户第一”，墙上挂着的是“以客户为中心”，行动上却很难做到，甚至欺骗客户，坐地起价等。

前段时间，我们需要在深圳采购一批家具，这个行业没有太多技术含量，产品较为同质化，比的是设计、价格和服务。大部分企业都能提供基本服务，但是服务得好的不多。比如，有些企业的生产厂家在东莞，而在深圳竟没有展厅可看。有一家企业在深圳有展厅，但比较偏远，而且去展厅参观的时候，家具上全是灰尘，暗淡无光，将展厅做成这样，怎么让人放心买单呢？我没想到这些传统行业的服务和对新消费的理解还停留在最原始的阶段。本质上，这样的做法是没有以客户为中心。因为时代已经变了，中国改革开放 40 多年，经济不断发展，制造能力不断提升，一个最明显的变化是，中国市场已经从产品供给不足变成产品供给过剩。在绝大部分产品都供给过剩的时代，经营客户就变得越来越困难，买方市场必然要求厂商提供更优质的产品、更有竞争力的价格、更好的服务体验，而不仅仅是把产品生产出来就行。这是当今社会新消费趋势形成的根本原因。

华为是如何做到以客户为中心的

在文化上，以客户为中心

任正非是个很善于总结和提炼的企业领导，其语言精练达意，简单易懂。华为的金句和高频词非常多，但要说哪一句的频率最高，我认为是“以客户为中心”。在文化上，华为对“以客户为中心”强调了无数次，《华为公司基本法》、企业文化内容、任正非讲话、会议、媒体都在反复宣讲。再加上公司制度流程的保障，以客户为中心深入每个华为人的血液。这种巨大的文化力量可以减少很多管理动作，形成习惯之后，员工会自觉以客户为中心。遇到与客户相关的任何问题，内部不需要过多的解释和扯皮，就能迅速达成共识。

任正非强调，眼睛要盯着客户，这样“屁股”才能对着老板。他是这么说的，也是这么做的，绝不允许员工阿谀奉承，走上层路线。在华为，只有服务好客户，才是有功之臣。华为的企业文化就是服务文化，就是要为客户提供优质服务。什么叫优质服务？就是我们收到了钱，客户还说我们好。

在华为工作的时候，曾经有位同事对我说：“每次做东西，发邮件，我都会无意识地考虑下措辞是否准确，是否具备客户意识，收邮件的人是否愿意认真看邮件，是否一眼就能看懂，会怎样理解，这几乎成了强迫症。”这就是企业文化强大影响力的体现。

全面客户意识

在大部分公司里，客户端的员工比较有客户意识，能够做到以客户为中心，但中后台部门基本上难以做到。华为要求的是全面客户意识，前中后台部门都要有客户意识，都必须考虑：我们的工作对客户有没有帮助，有什么帮助。中后台部门要通过支持一线部门的工作获得客户价值，不是给一线提要求，是做好服务，服务好业务，从而直接或间接地为客户服务。在华为，总部被称作机关，机关和后台部门没有什么

"总"，只有部长，一线才有"总"，目的都是强调为客户服务。

例如，华为的财经和人力资源两大支撑性组织，都符合三支柱模型，即在机关建 COE（Center of Expertise，专家中心），在一线建 BP（Business Partner，合作伙伴）组织，在区域建 SSC（Shared Service Center，共享服务中心）。一线和区域的财经与人力资源的 BP 组织、SSC 的存在是为了更好地支持业务落地，它们需要向两条线汇报工作，即业务线和专业线。向业务线汇报工作是非常重要的。专业线的上级对下属进行评价，必定会充分参考其对口支持的业务线管理层的满意度，对业务的服务和支持不足的主管，会被果断"拿"掉。这样的组织建设，完全是业务主导型，完全是以客户为中心的。

华为《管理优化报》曾刊登一篇名为《一次付款的艰难旅程》的文章，在文章中，业务部门痛陈财务部门审批流程太复杂，财务人员设置阻力。任正非看到后，怒不可遏，发文痛批其女儿孟晚舟管辖的财务部门："据我所知，这不是一个偶然事件，不知从何时起，财务人员忘了自己的本职是为业务服务、为作战服务，什么时候变得颐指气使？皮之不存，毛将焉附。我们希望在心声社区看到财经管理团队民主生活会发言的原始记录，看看你们怎么理解以客户为中心的企业文化。我常感到财务人员的工资低，拼力为他们呼号，难道呼号是为了形成战斗的阻力吗？"

任正非也多次对财务人员提要求："财务人员如果不懂业务，就只能提供低价值的会计服务；财务人员必须要有渴望进步、渴望成长的自我动力；没有项目经营管理经验的财务人员，就不可能成长为 CFO（首席财务官）；称职的 CFO 应随时可以接任 CEO。”

任正非对人力资源部门的要求同样很高，2018 年，《关于人力资源组织运作优化的讲话——任正非与总干部部及人力资源部相关主管的沟通纪要》中提道：“现在的情况是人力资源管控过度，干部部来自业务一线的人员较少，对业务的具体运作、变化的战略洞察知之的更少。未来人力资源管理体系要进行结构性调整，把决策权、管理权、执行权分开。要让懂业务（人力资源专业管理能力 + 主航道业务洞察水平等）、有能力的人员上位担责，不懂的要赶快补课。人力资源优化变革的主力部队应该从一线优秀、具有很强洞察力与思维能力的指挥员群体或优秀专业人员群体中产生。总体来说，公司人力资源管理这 30 年来做出了很大贡献，但是还不够科学。”

对财经、人力资源或其他业务支撑部门，任正非的要求始终是要理解业务，为业务服务，这本质上都是为客户服务。实际上，华为的财经和人力资源组织在业界算得上是最好的，它们比几乎所有国内公司的财经和人力资源组织更贴近业务，更懂业务，这与任正非始终强调和要求以客户为中心的做法分不开，这种高标准、严要求的做法产生了最佳实践团队。

当年我在南太平洋地区财经管理部任职的时候，我们有些项目的财务人员，不仅对财务精通，对公司各类项目的理解也非常深入，对项目节点、周期、项目土建工程造价、主要产品、项目人数、项目难点等，达到了项目经理的熟悉程度，这样有利于把财务的概算、预算、核算做准确。因为对项目足够熟悉，财务人员还能从财务的专业角度提出很多建议，例如，如何节约成本等，这非常了不起。在财经部的会议上，经常被提及的是如何理解业务，熟悉业务，给业务更好的支持，如何在帮助业务防范风险的同时，提升合同评审效率等，这些都是华为长期坚持以客户为中心的具体体现。

理解客户需求

理解客户需求，说起来容易，做起来难。

我相信大部分人有过和我相同的经历，你去商场买衣服的时候，售货员一般都会热情地接待你，这个时候你会发现，接待方式通常有以下几种：

第一种是你还没开口说话，售货员一上来就推销："先生（女士），这是我们这里的最新款衣服，符合当下潮流，穿起来帅气、大方（漂亮、美丽）……"

第二种是不停地问你的需求："先生（女士），请问您要买什么衣服？对款式有什么要求？喜欢什么颜色？上班穿还是平时穿……"

第三种是只说欢迎光临，不怎么说话，等你先看，观察一阵儿再说。

第四种是先赞美你一番，有初步判断后，再给出建议："我觉得您气质很好，这件衣服肯定很适合您……"

第五种是"佛系"营销，进店后让你自己看，爱答不理。

上述五种方式，哪种能更好地理解客户需求呢？答案并不是唯一的，不同客户的需求不一样。有的人希望你热情一点，有的人希望你不必太热情，有的人希望你多给建议，有的人很有主见，一上来就直奔主题……售货员要针对不同客户需求，采取不同的策略，经过了解，慢慢理清客户需求，根据客户的习惯和喜好制订营销方案。

另外，福特汽车的经验告诉我们，客户说想要一匹跑得更快的马，那当然可以基于客户的需求为他提供一批脚力更棒的马，这是一单成功的生意。但透过表象，了解到其实客户的根本性需求是希望得到一个“跑得更快的载人工具”。因此，福特公司就给他们提供了汽车，客户体验后，说“这正是我想要的，非常棒”。如果不对客户需求进行透彻分析，可能就会丧失为客户提供深度服务、为彼此创造更大价值的机会。

从这两个案例我们可以看出，理解客户需求并非易事。这是因为，不同客户的需求是不同的，用同样的方法对待不同的客户，可能会碰钉子；很多时候客户并不会耐心地告诉你他的需求，客户的选择很多，你需要快速、准确地理解客户需求；很多时候客户也不清楚自己的需求是什么，他不能准确地描述想要的东西；客户的需求是不断变化的，每个阶段可能不一样。原因有很多，总之，理解客户的需求并不容易。

谁是客户

《毛泽东选集》中的《中国社会各阶级的分析》开篇就讲：“谁是我们的敌人？谁是我们的朋友？这个问题是革命的首要问题。”对于企业来讲，谁是你的客户？这是企业生存的首要问题。对于谁是客户，并不是每家企业都清楚。

蛋糕店的客户是谁？是过生日的人，还是送生日蛋糕的人？有的人说是过生日的人，这显然是错误的，因为过生日的人很少自己买生日蛋糕。送蛋糕的人才是蛋糕店的客户。因此，生日蛋糕的首要属性是表达情感、表达爱、表达祝福。不同客户之间还有细微差别，送情侣的、送长辈的、送小朋友的……都不一样。

早年华为的手机是捆绑运营商进行销售的，有自己的品牌，同时也帮运营商贴牌。那么早年华为手机的客户是谁？是终端消费者还是运营商？情况不同，结果也不一样，帮运营商贴牌的，客户是运营商，因为消费者的需求是通过运营商传递给制造商的，运营商知道他们想要什么产品。以华为自有品牌出售的，客户是终端消费者，因为运营商只是渠道。

很多企业提到内部客户，我们前文提到了华为财经和人力资源部门，它们的客户又是谁？是业务部，还是企业客户？在华为看来，只能是企业客户，只能以企业客户为中心。把业务部当作最终客户，可能会出问题。例如，当业务部腐败时，财经和人力资源部门如何坚持原则？结果可能是会丧失独立性。敢于同腐败行为做斗争，恰恰是真正以客户为中心的表现，因为企业内部清正廉明，有利于熵减，有利于提高企业竞争力，从而提升企业的客户服务能力和水平。如果把老板当作客户，那问题就更大了，会导致员工“屁股”对着客户，“脸”对着老板，阿谀奉承、腐败会不断滋生。以老板为中心的例子有很多，本质上是管理层没理解以客户为中心是企业的生存之本。

华为在谁是客户的问题上，想得很明白，因此可以更好地理解客户需求。这样才能激活组织，团结组织，使员工紧紧以企业客户为中心，创造价值，而不是以业务部或老板为中心。

如何理解客户需求

华为在理解客户需求上有十六字方针：去粗取精、去伪存真、由此及彼、由表及里。具体指的是去除糟粕，留下精华，辨别真假需求，融会贯通，透过表象看本质，实际上是通过深入细致的研究和调查，准确地理解和揭示客户需求的本质和规律，将零碎的信息系统化，将肤浅的认识深刻化，抓住关键，看到规律和本质。这是从四个不同维度来发现客户的真正需求和有价值的需求的好办法。

例如，在《厚积薄发》一书中，华为一名员工记录了华为爆款手机 Mate 7 的研制过程。在华为 Mate 7 上市之前，华为也推出过大屏手机，即华为 Mate 和华为 Mate 2，那个时候华为对消费趋势的洞察还停留在初始阶段，认为大屏就是趋势。然而，华为 Mate 和华为 Mate 2 并不成功，消费者并不喜欢，因为当时华为的 Mate 系列太大、太重，一只手都握不住。2013 年，华为在研发 Mate 7 时，开始深入理解消费者的喜好：人们能接受的最大屏幕尺寸是多少？能否在厚度和重量上做减法？于是，华为终端业务部门根据能想到的尺寸，如 5.7 英寸、6.0 英寸、6.1 英寸、6.3 英寸、7 英寸，分别设计了样机。然后，请不同性别、不同年龄、不同身高的消费者来体验。结果发现，6.0 英寸是大家能接受的屏幕尺寸的极限，太大就失去了便捷性。同时，尽可能减轻手机重量。考虑到华为手机屏幕黑边也是主要槽点，通过技术手段，尽可能地减少黑边。最终，这款手机大获成功，成为华为手机崛起的标志。华为 Mate 7 的研制过程很好地诠释了华为去粗取精、去伪存真、由此及彼、由表及里的十六字方针的有效性。

华为早年推出过一款 C&C08 数字程控交换机，那时候手机还很稀有，电话座机也很少，学生插入校园卡后输入密码就可以打电话。产品被推出后，校方提出一个需求，要求 C&C08 数字程控交换机在晚上 12 点自动切断电话，到早上7点再自动恢复。收到这个需求后，华为首先分析问题，即客户为什么提出这个需求。在与客户沟通后发现，原来是校方不希望学生在半夜打电话，影响休息。基于客户需求，华为提出两套解决方案：一是在交换机上安装辅件，设定一套按键，输入几个代码即可切断，再输入几个代码即可打开。但该方案需要人为操作，而当时大学里的宿管员大多是中老年人，他们很难操作；二是通过校方规定，要求宿管员在晚上12点直接将电话锁起来，第二天再打开。这个方式简单易行，最终校方答应采取第二种方案。显然，面对客户诉求，要往源头追溯，如此才能清楚客户的真实需求是什么，用什么方法才能贴近用户场景。否则，如果方向错了，不仅耗费研发成本，最终还解决不了客户痛点。

对于理解客户需求，华为还特别强调，以客户需求为导向优先于以技术为导向。这是因为在引进集成产品开发（Integrated Product Development，简写为IPD）系统之前，华为的研发走过很多弯路。例如，研发部以技术为中心，孤芳自赏，研发了很多客户并不需要的产品，因此交了高昂的学费。任正非曾说："对技术的崇拜不要走到宗教的程度。我曾经分析过华为技术、朗讯可能失败的原因，得出的结论是不能走产品技术发展道路，而要走客户需求发展道路。"所以，任正非后来在华为反复强调不要孤芳自赏，要做工程商人。实际上，集成产品开发系统体系化地解决了华为端到端产品开发流程设计问题，是客户化的流程，需求从客户端来，产品向满足客户端去，这样做的好处是抑制了盲目创新的冲动，创新不再是盲目创新，而是以客户需求为导向的创新。

在理解客户的基础上，结合对行业和技术趋势的洞察，可以更好地引领客户需求。

当然，华为也有很多方法去帮助干部和员工理解客户需求，例如，建立普遍客户关系，也就是跟客户界面的不同层次、不同角色、不同岗位建立全方位的客户关系，要经常与客户沟通；干部要在与客户的交流中进步；与客户一起组织一些联谊活动、酒会、招待会、分享会等，增进彼此交流；与客户合作设立联合实验室或者与客户联合启动一些项目，更加贴近客户，理解客户；等等。

> 我们要掌握“去粗取精、去伪存真、由此及彼、由表及里”的方法。对客户需求进行识别和筛选，满足对客户和华为都有价值的需求，帮助客户解决商业问题，成为客户的战略伙伴。针对未来业务发展，要能够引领产业的方向，成为客户可以问计的对象。我们综合了对全世界400多个客户需求的理解，若不能引领一个客户的需求，其实就是没有加工所拥有的资源。
>
> ——任正非在2013年运营商网络BG战略务虚会上的讲话

满足客户需求

以客户为中心，只理解客户需求而没有满足客户需求是没有意义的。理解客户需求是基础，满足客户需求是关键。华为成功的关键因素是很好地满足了客户需求，获得了客户认可。在满足客户需求方面，华为做了很多尝试，主要体现在：

一流的接待和服务

重视客户，把客户当“上帝”。华为一流的车队、专业的司机、豪华的酒店、规范的接待流程等都是为客户准备的，不是为领导和员工准备的，华为非常重视客户，把客户当“上帝”。

一位早年加入华为的原同事曾回忆，1989 年，华为刚成立 2 年多，那时任正非就很重视客户接待，出差时自己住便宜的招待所，但会选当地最好的酒店接待客户，并精心安排，让客户有宾至如归的感觉。试想，华为在 1989 年资金并不充沛，但在接待客户上很舍得投入。在与客户交流时，对于由什么人陪同，角色如何定位，应该在客户界面传递什么信息，说什么话，都会提前准备，做到让客户满意。

2019 年 3 月，公司在华为基地某展厅接待重要客户时发现，该展厅原本陈列的一块 8K 屏幕缺失，无法演示相关的场景和内容，经查，是由营销部借走带到巴塞罗那参加展览去了。该情况被管理层获悉后，相应业务部门总裁专门做了关于展厅 8K 屏幕的检讨，核心内容是强调要保证客户界面的投入，把以客户为中心落实到相关业务流程中。任正非认为该检讨不够深刻，并专门做出批示，一件不大的事情在华为这么大的公司引起这么大的反应，可见，公司高层对客户接待的重视，展厅就是战场，客户界面无小事。

重视工作细节。熟悉华为的朋友知道，华为的客户接待流程规定得非常细。客户行程、安排、交通、住宿、陪同人员、宣讲重点、级别、喜好等，都写得清清楚楚。华为甚至规定，客户准备坐车，当客户站到车门口的时候，车门应该是打开的。这些工作都体现了华为对客户的用心。重视细节，想尽一切办法让客户满意。

确保在客户最需要的时候第一个出现。几乎可以说，哪里有灾难，哪里就有华为的员工在帮客户恢复通信网络。日本核泄漏、伊拉克战争、印尼海啸……华为总是在客户最困难、最需要帮助的时候第一个出现，或者干脆就没走，时刻等待客户的召唤。周末加班或深夜加班帮客户处理故障的事情数不胜数。

《枪林弹雨中成长》一书中有过这样的描述：2006 年年底到 2007 年年初，是我所经历的巴格达最乱的时候，枪战、爆炸、绑架事件不断。为安全起见，我们市场部人员临时搬到中国大使馆所在的曼苏尔酒店。那段时间，每天早上 6 点钟左右我们都是在枪声、爆炸声中醒来的，按照当地一位新华社记者的说法，在房间里就能清晰地辨别出窗外激战双方使用的是何种武器装备。偶尔飞过的 F18 的轰鸣声也会让人感到异常不安。我们和大使馆工作人员住在同一层楼。大使馆工作人员房间的每一个阳台上都有用装满水的矿泉水瓶堆起来的防御工事。据说流弹会经常打到房间里来，但遇水后会明显减速，用装满水的矿泉水瓶来阻挡流弹是最好的办法。我当时还不以为然，觉得他们过度紧张了。几天后，我正在房间里开电话会议，一发流弹打到我的阳台上，入墙三分。我本能地趴在地上，这才意识到，危险原来很近，起身后赶紧把办公桌拆了，用桌板挡住窗户……即使在最乱的时候，我们还是会保证外出拜访客户。每次出门前，我们都要打电话向领导汇报，说明去哪儿、见谁、谈什么事情、大概多长时间、什么时候回来……我们没有撤离，而是选择和客户在一起。后来，伊拉克通信部主动提出要和华为成立一个联合规划团队，一起致力于伊拉克电信网络的建设和长期规划。

这样舍身忘我、以客户为中心的供应商，客户怎么能不喜欢？事实上，华为在很多地方能够赢得客户的青睐，正是因为华为在客户最需要的时候出现，在最危险的时候出现，在友商已经撤离的时候出现。在亚非拉艰苦地区是这样；在伊拉克、利比亚的战乱时期是这样；在日本、印尼地震时是这样；在各地遭遇台风、泥石流、海啸等自然灾害时还是这样。这是真正以客户为中心，这也是世界上最好的服务。

解决客户痛点

什么是客户痛点？不同时间、不同地点，不同客户的痛点是不一样的。有时候是要降低成本，提高利润；有时候是要提升网络覆盖和服务，扩大规模；有时候是遇到天灾人祸，需要应急抢险；有时候是需要技术突破，赢得竞争；对于手机用户来讲，痛点可能是电池不耐用、充电慢等。

有人认为华为手机之所以能热卖，是因为情怀绑架。这是不负责任的说法，华为手机之所以被消费者青睐，最主要的原因是产品本身解决了客户的很多痛点。例如，手机电池续航更久，不需要频繁充电，手机拍照技术先进，最先普及手机快充技术，外观设计上乘……这些都是客户的需求。

华为通信业务之所以能在非洲等欠发达地区开花结果，是因为当地条件艰苦，基础设施落后，国外很多厂商在当地没有服务团队，而华为扎根当地，理解客户需求，解决客户痛点，随叫随到，第一时间帮助客户排除设备故障，甚至是友商设备的故障，从而及时恢复当地的通信网络。华为在这些地方的成功很大一部分原因是解决了当地通信运营商的痛点，即在设备故障或者遭遇天灾人祸的时候能够帮它们及时恢复通信，让欠发达地区的消费者享受优质的通信服务。

> 我们的展示应该从哪个地方切入？我认为应该从客户的痛点切入。我们要搞清楚客户的痛点在哪里，我们应怎么帮助客户解决痛

点。抓住客户的痛点进行表达，才能打动客户，让客户认可我们。我们要让客户认识到华为才是其真正的盟友。当然除了技术，未来的商业模式等也是我们要表达的内容。

——《面向未来，以客户痛点为切入点，全球化展示》，2012 年

提供有竞争力的技术、产品、服务、交付和解决方案

在华为，技术突破，提供优质产品和一流服务，准确及时交付，提供系统化解决方案等，都是为了更好地满足客户需求。而这些往往就意味着高成本、高价格，这是客户不愿意看到的。既要确保客户满意，又要严格控制内部所有成本，这样才能使客户满意。因此，任正非表示：我们的目标是成为网络设备的业界最佳。质量好、服务好、内部运作成本低、优先满足客户需求，是我们达到这一目标的四大策略。

华为之所以能够得到英国电信（BT）、沃达丰（Vodafone）、西班牙电信（Telefonica）、德国电信（DT）、法国电信（FT）等全球知名电信运营商的认证，总的来说是因为华为的产品更优质，服务更好，交付周期更短，解决方案更具系统性，以上都是以客户为中心的重要体现。

客户是否满意是衡量一切工作的准绳

在华为，所有工作的统一评价标准就是客户是否满意。对高级干部的评价，以责任结果为导向，以客户满意度为导向。

客观地说，虽然华为强调以客户为中心，但由于公司规模大，项目多，部门繁杂，流程复杂，各条战线疲于应付，客户不满意的情况时有发生。马电事件（马来西亚电信 CEO 发来投诉信）在华为内部人尽皆

知。其他客户也时有抱怨：“华为人现在见我一次就教育我一次，讲沃达丰怎么怎么样，讲法国电信怎么怎么样……”对于这些客户的投诉，华为非常重视并将其作为反面教材，要求干部和员工引以为戒。

马来西亚电信 CEO 的投诉信

2010 年 8 月 5 日，一封来自马来西亚电信 CEO 的电子邮件被发到了华为公司董事长孙亚芳的邮箱。

主题是马来西亚电信对华为在马电国家宽带项目中一些问题的关注

尊敬的孙亚芳女士、主席：

今天距我们上次会面已经六个月了，在上次的会谈中，我们就国家宽带项目，特别是 IPTV（交互式网络电视）部署向华为请求做特殊保障。非常感谢您的亲力赞助与大力支持，我们才得以成功在 3 月 29 日正式启动我们的新品牌（Unify）并商用新业务（Triple-Play）。这次商用仪式由马来西亚首相亲自启动与见证，非常成功！

然而，我们业务的商用并不能代表网络的成功转型，同时也并不能说明我们拥有了一个经充分测试、安全稳定的网络平台。从 4 月份开始，我们与华为再度努力，力争开创 HSBB（高速宽频）的未来。但非常遗憾，在过去几个月中，华为的表现并没有达到我对于一个国际大公司的期望。……过去几个月里，多个问题引起我们管理团队的高度关注和忧虑：

（1）合同履约符合度（产品规格匹配）和交付问题：在一些合同下的发货中，设备与我们在合同中定义的以及测试过程中的不一致……

（2）缺乏专业的项目管理动作（方式）：在我们的反复申诉中，我们刚刚看到华为在跨项目协同方面的一些努力与起色，但是在网络中，仍然存在大量缺乏风险评估的孤立变更……

（3）缺乏合同中要求的优秀的专家资源……

马电事件经董事长孙亚芳的协调而平息。针对马电事件，有关领导进行了反思和总结，在《华为人报》也进行了讨论，是作为反面教材对所有华为人进行的以客户为中心的教育。虽然不完美，但可以看出，华为坚持自我总结和批判，坚持以客户为中心，以客户是否满意作为衡量一切工作准绳的决心。

建立以客户为中心的流程化体系

如果只强调以客户为中心，而不建立以客户为中心的流程化体系，那么以客户为中心是很难落到实处的。任正非曾说："企业管理的最终目标是建立流程化体系。"这非常重要，流程化的体系也是公司的核心竞争力之一，因为好的流程化体系能够提升公司效率，提升产品质量，提高客户满意度。例如，集成产品开发系统建立之后，华为公司的创新不再依赖于某个人，而是能发挥群体优势，即组织优势。

流程化的管理体系是指以流程为主线的管理体系。强调以流程为导向来设计组织框架，同时进行业务流程的不断再造和创新，以保持企业活力。流程必须是以客户为导向，以公司整体目标为出发点。但是企业的很多流程，都是各个部门独自设计的工作程序，它们缺乏公司整体上的考量和视野，缺乏客户导向，只是基于职能需要和操作规范而建立流程，部门与部门之间常常割裂，很难打通，更谈不上客户化。

华为的体系，包括战略、研发、销售、供应链、人力资源、财务……都是流程化的，是基于目标任务，特别是基于客户需求而建立的流程化体系。集成产品开发系统变革，集成供应链（ISC）变革、集成财经（IFS）变革、从线索到现金（LTC）变革等一系列主要的流程体系变革都是客户化的。

这样做至少有两个方面的重大作用：一方面，华为的流程不像大部分企业那样是割裂的，能够依据目标进行跨部门、跨体系运作，打通了部门墙，提升了组织效率。另一方面，以客户为中心的流程化体系，能够端到端地为客户提供服务，需求从客户中来，产品、交付、服务到客户中去，这才是以客户为中心的完整闭环。以客户为中心的流程化体系建设，能够设身处地地站在客户角度设计流程、审批时间、风险控制，从而真正做到以客户为中心。例如，一个非客户化的合同评审流程，可能会涉及各个相关部门领导的审批，关于风险和权责的考虑会占主导地位，层层审批，是一系列串联的审批流程；如果站在客户的角度重新设计，会考虑客户能接受的时间是多长，哪些环节可以加快，哪些环节可以不用审批，哪些环节可以并联审核，本质上是让内部的管理流程适应客户需求，基于客户需求设计流程节点和审批环节，以客户为中心，兼顾风险。

人力资源管理、干部管理以客户为导向

“宰相必取于州部，猛将必发于卒伍”，华为的干部一定是要从基层一线选拔的，没有基层一线成功实践经验的人员是不能被选拔成为干部的。华为优先在主战场、一线和艰苦地区选拔干部。员工的考核和激励资源要向一线充分倾斜，向艰苦地区倾斜等，因为只有这样的干部和员工才能理解客户需求，才能服务好客户，才能引领公司走向商业成功。因此，这些办法和措施都是为了保障将以客户为中心落到实处。

2016 年 10 月，华为 2 000 余名干部和高级专家奔赴海外一线的誓师大会隆重举行。“春江水暖鸭先知，不破楼兰誓不还”的标语迎风飘

扬。华为像多年前一样，再一次鼓励大家奔赴海外，奔赴一线，不过这一次不是普通员工，而是干部和专家团队出征海外。这么多人去一线做什么？任正非说：“在大机会来临之时，这两千多名技术专家及干部，将与几万名熟悉场景的前线将士，结合在一起，形成一股铁流，撕开一道通向未来的口子，保证华为未来的纵向发展，横向扩张。”他们去一线的目的是理解客户需求，抓住客户需求，为华为未来的发展打下坚实基础，特别是在技术和产品研发上，发现机会，捕捉数字经济的巨大发展红利和商机。而这些巨大的商机在总部是很难捕捉的，需要去一线，从客户中来，再到客户中去。可见，华为的人力资源管理和干部管理是以客户为导向，是服务于客户的。

第七章
以奋斗者为本，激活组织，持续奋斗

正确评价价值、合理分配价值是以奋斗者为本的具体体现。以奋斗者为本是华为的动力之源，极大地激发了全员的战斗力，是华为“攻城略地”、所向披靡的制胜法宝。

在华为的活力引擎模型中，我们知道熵增会让企业走向组织懈怠、流程僵化、技术创新乏力、业务固定守成；会使个人自然走向贪婪懒惰、安逸享乐、缺乏使命感、没有责任心。为了对抗熵增，激发组织活力，除了开放、远离平衡、耗散多余能量、以客户为中心以外，很重要的一点是持续奋斗，因为无论是组织的熵增还是个人的熵增，本质上都是惰怠，对抗惰怠的最好方法就是奋斗，如果停止奋斗，组织就会衰亡。

然而，以奋斗者为本几乎被所有公司老板视若珍宝，又被很多员工视为“吸血鬼”。以奋斗者为本是华为被外界误解、误读最深的核心价值观。无论是被欢迎还是被误解，都是因为“奋斗者”三个字，但几乎所有人都忽略了“为本”两个字，“奋斗者”和“为本”缺一不可。很多企业老板学习华为的经验，只想学奋斗，让员工拼命工作，却不学如何以奋斗者为本。实际上，很多人连奋斗者的概念都不清楚。

什么是奋斗者

能力强的人就是奋斗者吗

在华为内部看来，能力强的人不一定能做出贡献。一个能力很强的人，如果品德差，那么可能会带来危害，而不是贡献。一个能力强的人，如果懈怠，那么也创造不了什么价值。因此，能力强的人不一定就是奋斗者。

学历高的人就是奋斗者吗

在华为，12 级及以下，被定位为普通劳动者，这部分人的学历大多都不高，那么是不是学历高的人就是奋斗者呢？在华为，是不是奋斗者不取决于学历本身，虽然华为对 13 级及以上的员工，一般要求本科以上学历，但有本科以上学历不代表就是奋斗者。在华为，除了入职的时候会考虑过去的学识和积累，一旦入职后，则完全不看学历，只看责任结果。

加班多的人就是奋斗者吗

这一点很容易被误解。很多人认为，奋斗者就是加班多的人，华为的企业文化就是加班文化，华为就是压榨员工，让员工拼命工作。事实上，华为在奋斗者的确认上，并不看加班多少，主要还是看责任结果，华为强调奋斗，也更强调思想上的奋斗，也就是多思考，多动脑，多研究，多想办法，多解决问题。当然，客观上来看，华为的工作并不轻松，华为员工有较大的工作压力，加班也是很常见的事情，奋斗者加班多也是事实。但并不意味着加班多的人就是奋斗者，这是两码事。

做假动作，左右逢源的人就是奋斗者吗

俗话说：会哭的孩子有奶吃。在每个企业几乎都有这样的人，做假动作，工作是为了做给别人看；还有一种人，人际关系特别好，善于左右逢源，但对工作不上心。以我在华为工作时的情况看，这种现象也存

在，但是个别现象，华为整体的风气是很正的，不会为内部公关和假动作买单。早年任正非还特别强调："很多人汇报工作时，总是说工作很辛苦。我不喜欢有人说自己怎么怎么辛苦。要看你的工作业绩，没有业绩的工作没有意义。"这就叫辛苦的无效劳动。

谁是奋斗者

华为对奋斗者的判断标准只有一个，就是看贡献，看责任结果。

其实，在讨论如何识别奋斗者时，有员工提出："员工奋斗者的识别手段是有限的，是否可以将加班作为奋斗者的识别手段之一？"任正非明确表示，不看加班，只看贡献，还幽默地说："像我这种就是不加班的，你看我是不是奋斗者？"

> 我们公司的价值取向是直接的责任结果导向，而不是素质导向。我们强调猛将必发于卒伍，宰相必取于州郡。我们的任何素质是在贡献中发挥作用才能被认知的，在责任结果面前，人人平等。
>
> ——任正非关于员工技能考试的讲话，2009 年

如何识别和选拔奋斗者

整体上，华为识别奋斗者主要看责任结果，以贡献多少来识别奋斗者，一是当前的绩效，二是对公司的战略价值。在具体做法上，也有一些方式方法，具体如下：

成就导向高。华为有句话叫胸怀大志，一贫如洗。华为认为有大志向和成功愿望的人容易进步和成功，本身没什么物质财富的积累，更容

易有奋斗的动力，更容易成为奋斗者。

目标导向强。华为崇尚“把信交给加西亚”。也就是说，承接了一个任务，就要拿出100%的主观能动性，敢拼敢闯，去达成组织目标，不给失败找借口。这种人身上有强大的自驱力，往往能成为奋斗者的中坚力量。

关键事件。用关键事件去识别一个员工是不是奋斗者。关键事件一般有几种：一是在重大项目或重要工作中是否做出了主要贡献，例如，主要技术攻关、客户痛点解决、重大项目交付、重大项目投标等；二是在危急时刻，是否能够挺身而出，振臂高呼，起到主要作用，例如，在地震、灾害、战乱、冲突等危急时刻的表现。

艰苦奋斗。看员工是否愿意去艰苦地区，长期艰苦奋斗。例如，是否愿意被外派到孟加拉国、刚果等艰苦地区、欠发达地区工作。

自然法则。让员工进行“赛马”，以结果为导向，依照选拔制和自然竞争法则，贡献多的胜出，成为奋斗者。

奋斗者和劳动者

为了更好地识别奋斗者，更好地管理不同员工，华为对劳动者和奋斗者进行分类管理，目的是激励更多人成为奋斗者，并照顾一部分想过安逸生活的人。分类的标准如下：

第一类，普通劳动者，暂时定义12级及以下的员工为普通劳动者。对于这些人，应该按法律规定的报酬条款，保护他们的利益，并根据公司经营情况，给他们稍微好一点的报酬。这是对普通劳动者的关怀。

第二类，一般的奋斗者，要允许一部分人不是积极的奋斗者，他们追求的是小家庭的温暖，想每天按时回家吃饭，对这种人要给予理解，因为这是人的正常需要。

对于这一部分人，如果公司有适合的岗位，可以给他们安排，如果没有，他们可以到社会上去寻求。只要他们输出的贡献大于支付给他们的成本，他们就可以在公司工作。

第三类，有成效的奋斗者，他们可以分享公司的剩余价值。分享剩余价值的方式，就是获得奖金与股票。

> 将来在奋斗的过程中强调奋斗者和劳动者的薪酬可以不同，我们强调对劳动者要严格按法律来保护。比如有带薪休假、超长产假……什么都行，但是你的工资水平只能和业界相比，而不是华为内部的标准，只拿固定的年终奖励。奋斗者要自愿放弃一些权利，比如加班费……但他们可以享有饱和配股，并分享年度收益。他们的收入是波动的，效益好，他们的收入应该很高，效益不好，他们的收入比劳动者少，但他们的付出总会有回报的。
>
> ——任正非与 IFS 项目组及财经体系员工座谈纪要，2009 年

可见，华为是鼓励员工成为奋斗者的，因为这是企业能够持续发展，保持组织活力的重要手段，如果一个组织停止奋斗，那么组织就会僵化、落后，员工就会自满、懈怠，这样的企业最终会灭亡。

以奋斗者为本

离开华为后，我到一家上市公司工作，当时有位管理者在一场讨论

会上提出了一个问题："有没有什么办法，既要马儿跑，又要马儿不吃草?"会场上顿时笑声一片。很明显，这是不可能的。但在现实中，这种现象很普遍，只是程度不同而已。比如，很多老板希望马儿拼命地往前跑，以公司为家，虽然也给草料，但是很少，这是不现实的。曾有一位中型企业的老板问过我一个问题："我们如何才能做到行业第一?"我当时只问了一个问题："你们的薪酬、待遇、激励是不是行业一流?"这是个很现实的问题，一家企业不太可能用行业中低水平的薪酬待遇获得行业第一的地位，很简单，无法聘用行业一流的人才，就注定与行业第一无缘。本质上，这些行为都是只希望员工努力奋斗，但并不以奋斗者为本。以奋斗者为本才是企业真正应该学习的。

以奋斗者为本的内在逻辑

关于以奋斗者为本的内在逻辑，可以从5个方面来理解：

一是发展基石。

公司的生存发展依赖于全体奋斗者的奋斗，奋斗者是推动公司不断发展的根本和基石，奋斗者为公司做出巨大贡献，理应获得更好的回报。

二是拉开差距。

打破平衡，拉开差距，如果奋斗者和非奋斗者在待遇、机会、奖励、晋升等方面没有拉开差距，那么谁愿意奋斗呢?"大锅饭"不是以奋斗者为本。这符合熵增定律，如果不打破平衡，不拉开差距，那么就会"熵死"，组织就会失去活力。

三是引入竞争。

以奋斗者为本这样的机制和安排就像鲇鱼一样，能够激励"鱼儿"

拼命地“游”。突出先进，才能鞭策后进，然后形成一个良性循环，这就是竞争机制的意义。

四是吐故纳新。

以奋斗者为本，就意味着不奋斗、惰怠、带有负能量、未做出贡献的人要被淘汰，否则也就不是以奋斗者为本。组织不断吐故纳新，就能不断向前，不断增加活力。反之，组织中的非奋斗者越多，这个组织越容易失去奋斗者生存的土壤。

五是合理分配。

以奋斗者为本，最重要的是合理分配价值。按照企业的生存法则，谁为企业做的贡献大，谁就应在薪酬、奖金、股票分配上得到的多，在培训、晋升的机会上优先，这才是以奋斗者为本。华为讲“不让雷锋吃亏”，就是要让“雷锋”过上体面和有尊严的生活，这样，才会有更多的人愿意去学“雷锋”多做贡献，从而使奋斗者辈出。

以奋斗者为本和以人为本

华为认为企业的文化是功利文化，企业要生存，就必须为客户创造价值，从而获得收入和利润。有了利润，员工才能有更好的待遇。因此，在华为内部，从来不提以人为本，或者以员工为本，不提倡让员工满意，只强调让客户满意。但恰恰是华为更尊重人性，更理解人性，因此才提出以奋斗者为本。另外，因为人与人是不同的，以人为本很难操作。如果以懒惰、懈怠的人为本，那么公司就会垮掉。

奋斗者也是人，以奋斗者为本是比以人为本更加精准的阐述，奋斗者才是企业发展的根本，而以人为本的范围太过宽泛。

只有奋斗才能激发组织活力，对抗熵增，创造财富。华为强调群体奋斗和组织奋斗。华为的企业文化本质上是群体奋斗文化。华为希望员工人人奋斗，争当奋斗者。

以奋斗者为本有利于创造公平的竞争环境，有利于打破平衡，拉开差距，从而激发组织活力。

华为如何以奋斗者为本

华为如何以奋斗者为本？概括起来就两句话：正确评价价值，合理分配价值。但正确评价价值、合理分配价值从来都不是一件容易的事情。华为作为一家业务覆盖170多个国家、拥有19万员工和四大业务，跨越ToB和ToC两种业务模式的庞大、复杂的跨国集团公司，要正确评价价值、合理分配价值需要具备几个前提条件：一是华为有一套很好的评价、分配机制，这套机制客观、有效且适用于不同国家和业务单元；二是华为的主要干部能够熟练地运用这套机制，做到不偏不倚，按标准和机制行事；三是广大员工能够接受、理解这套评价、分配机制，绝大部分员工认为这套机制是公平合理的。事实上，经过几十年的发展，华为摸索、总结、固化并优化了一整套价值评价、价值分配机制，从效果上看是非常好的，这也是华为最核心的管理机制之一。

正确评价价值

价值评价的指导原则和导向

华为价值评价以责任结果为导向，以贡献为导向，以商业价值为导向。具体来说，就是首先确定对应岗位应当承担什么责任，然后依据责任结果进行考核，依据最终的贡献进行考核，依据是否为公司创造商业价值进行考核！简而言之，就是看结果。能力以及过程中的表现、工作态度、学历、资历等都不是价值评价的标准。

价值评价要突出重点，抓主要矛盾，分层分级，向目标倾斜。实际上，就是不要胡子眉毛一把抓，不要使价值评价和绩效管理太复杂，按关键绩效指标进行考核即可；要分层分级，干部和员工的考核理念和具体实施是不一样的；向目标倾斜，引导全体员工盯紧目标，而不是内部分配、内部责任等。

华为绩效管理的突出亮点

绩效管理或价值评价，在很多公司常常被人诟病。很多公司往往内耗严重，绩效管理或价值评价往往有失公平或干脆推行不下去，给各级主管和人力资源管理部门带来巨大的困扰和难题。我在华为工作时，每年都要主导实施部门的绩效管理或参与整个体系的绩效管理，每次都非常顺利，员工也没有什么抱怨。这是基于华为良好的绩效管理体系，与其他企业相比，华为绩效管理体系的确有独到之处，非常值得学习。华为绩效管理的主要亮点如下：

一是注重主要考核指标的平衡以及短、中、长期考核指标的平衡。

华为绩效考核关注销售收入、利润与现金流的平衡。单纯的销售额考核，会让企业过分注重规模，牺牲质量，甚至利润；单纯的利润考核，会让公司牺牲未来，不利于公司战略目标的达成；没有现金流的销售收入和利润，本身就不健康，容易让公司崩盘，利润也只是账面利润。因此，主要财务指标的均衡增长十分重要。那么应该怎样均衡呢？每个阶段，每个地区，每个业务单元可以有所差别。对于新业务、开拓性业务，应更注重收入指标的考核，甚至连收入指标也可以不考核，只考核市场占有率、客户数量和质量等指标；对于成熟业务、根基业务，应更注重利润和现金流目标的达成等。整体上，要做到这几个指标的均衡考核。

短、中、长期考核指标的平衡也很重要。绩效考核中最容易犯的错误是短视。重视短期考核指标的完成，因为短期考核指标更容易量化、考核和实现，但牺牲了公司的中、长期利益，从而给公司带来灭顶之灾。例如，如果非常注重收入和利润指标的考核，那么公司会开源节流，努力销售，增加收入和利润，减少支出，包括研发投入，这样的话，利润指标就会非常好，但过分削减公司战略性投入会导致公司未来失去竞争力。

华为对销售人员的考核，非常注重短、中、长期指标的平衡。例如，在销售过程中，我们发现，销售人员更愿意向客户推广老产品，因为客户对老产品有很高的信任度，客户更熟悉老产品，无须做过多的解释工作。而新产品往往使用了新的技术或新的解决方案，客户对新产品要有一个熟悉过程，客户对新产品往往抱有观望和怀疑的态度，新产品往往比较难推广。但如果不及时推广新产品，很可能会给公司带来巨大损失，老产品的生命周期是有限的，也许很快就会被市场淘汰。如果竞争对手的新产品被更快地推向客户，那么就意味着公司耗费巨资开发的新产品将面临更多推广困境，甚至连客户也会被竞争对手抢走。因此，华为对销售人员的考核，会加大对新产品推广的考核权重，要求销售人员尽快推广公司新产品，以保持公司长久的竞争力，这关系到公司战略目标的实现。

从 2017 年下半年开始，国内很多上市公司因为资本运作、杠杆太高、并购太多、经营不善等出现重大危机，企业难以为继。分析其中的原因发现，很大一部分企业为了迎合投资者对收入和利润的关注，希望在短期内获得更多收入和利润，以获得更高的市盈率和市值，因而采取了各种盲目、短视的行动，如增加杠杆，进行大肆并购，而自身又没有管理和消化能力，导致商誉减值、对赌失败、业绩下滑、主业荒废等诸多后果。这些上市公司的做法本质上是希望快速叠加收入和利润，在短期内做大市值，但恰恰忽略了研发投入、大力发展主营业务等，没有考虑公司短、中、长期目标的平衡，导致企业失去竞争力。

二是围绕公司战略目标进行考核，各部门目标要支撑公司战略目标的实现。

很多公司的绩效考核存在一个很大的问题，即部门绩效考核达标了，员工个人绩效也达标了，但公司经营目标没有完成，这是一个很大的笑话。部门考核指标与公司战略目标没有直接关系，部门 KPI（关键绩效指标）未源于战略解码，个人绩效更是无法支撑战略目标的实现。华为非常注重公司战略目标和整体目标的实现，每年都会制定公司级战略目标，组织各个业务单元和部门参与讨论，各业务单元和部门的目标源于战略目标的分解，员工的绩效考核指标源于部门目标的分解，上下统一，如此才能实现战略目标。华为有很好的工具来完成“战略制定—战略分解—部门目标—员工考核指标”的整个过程，这就是业务领先模型（BLM）。

三是避免机构臃肿和人员冗杂，注重人均效益的有效提升。

华为在重视规模增长的同时，也重视人均效益的提升。这样人员不会过度膨胀，机构也不会过分臃肿。既要注重战略业务的投入和规模的增长，又要注重调整和优化机构和人员。规模和人均效益的有效增长才是企业健康、充满活力的体现。华为在公司整体考核及部门考核中注重人均效益的有效提升。对于人均效益的提升，华为主要用薪酬包来控制，准确地说是用薪酬包占销售收入的比重来控制。例如，规定薪酬包的总额不能超过销售收入的15%，以此来控制人力成本。同时，公司人力资源中心还会控制人员数量，对于HC（企业预计招聘员工人数），根据年度预算，公司会有总数控制，业务单元要招聘人员，必须先有HC号，若没有HC号，则不允许新增人员。

因为投资和咨询工作的需要，我每年都要接触大量的企业。我发现，国内大部分企业的组织管理、人员管理水平不高，经常犯错误。我经常和一些企业家分享：企业的人员管理非常关键，企业成功是因为对人员的管理到位，失败是因为对人员的管理不到位。理论上讲，任何一家企业，只要有员工就需要管理，只是小企业不需要复杂的管理系统，但还是需要管理的，而不是一些创业者认为的那样，因为企业小，所以不需要管理。企业在人员管理中常犯的错误有：一是不会选人，没有选人标准。随意地招聘不合适的员工，员工入职后，由于选错人、目标管理不清晰、业务波动，以及不注重与员工的沟通和对员工的培养等，很多公司员工就像“走马灯”似的不断更换。严格地说，员工在企业工作不满六个月，根本创造不了价值，或者创造的价值覆盖不了成本。因此，这样的企业非常危险，人力成本，特别是一线城市的人力成本是很高的，很多公司的人力成本占总成本的大部分，如果人员没有创造价值，那么公司很容易被拖“死”。二是没有很好地规划和安排员工工作，没有合理地控制人员成本，员工的工作量不饱和，即人均效益不高，产出太少，这样的企业没有竞争力，也容易“死”。而一些会管理的企业，人员数量少，但很精干，可以充分激发员工的潜能，每个员工都很努力，可以独当一面，甚至以一当十，这样的企业往往很容易成功。总之，如果人员管理工作做得好，每个人都能发挥应有的价值，那么企业人员越多越有竞争力。反之，企业人员越多，“死”得就越快，企业会被巨大的人力成本拖垮。

四是抓主要矛盾，不搞内耗。

华为的考核抓主要矛盾，不搞内耗，具体体现在以下几个方面：

抓对关键绩效指标的考核。什么是关键绩效指标？通过公司战略解码，确立各部门的目标和个人的绩效指标，有利于实现公司战略目标的指标就是关键绩效指标。有 3 ~5 项关键绩效指标即可，不求面面俱到。

不聚焦于指标分配和指标高低。这与很多企业恰好相反，很多企业过分注重内部指标的对决，在指标设定的高低上争得头破血流，内耗严重，失去了考核的战略意义。华为注重的是指标对整体目标实现的支撑作用，聚焦于生产，而不聚焦于分配。

不聚焦于考核工具和方法：很多企业在考核工具的选择上争论不休。华为简化了考核工具的使用，只强调抓主要矛盾和矛盾的主要方面。因为每一种考核工具都有优劣，华为既采用 KPI 考核，也采用目标管理法，是两者的完美结合。

绝对公平和相对公平。华为强调相对公平，不追求绝对公平，绝对公平的事情根本不存在。对于员工的绩效考核结果，既通过集体评议、投诉等机制保证大部分绩效结果是公平的，又强调员工不要过分追求绝对公平，强调长期公平，板凳要坐十年冷，员工要受得了委屈。这样才能减少内耗。

不过分强调绩效考核指标是否量化。在绩效目标的制定过程中，特别强调 SMART 原则[①]，但不是每种工作都能量化，华为坚持定性和定量相结合的考核原则。实际上，我在华为工作期间，大家更关注绩效指标是否是 3～5 项关键任务，能量化更好，不能量化也不会过分追求量化。严格来说，只要主管的管理幅度合理，即使不用考核指标，主管也能分辨员工工作的优劣，大体的结果也是公平的。过分的量化只会加剧内耗，华为更关注目标的达成，而不是目标如何量化。

事实上，华为的绩效管理相对简化，指标来源于战略目标，部门目标和个人目标清晰，强调关键绩效的完成，内部不会过分比较指标多寡、工具好坏，简单、实用、高效。

前段时间，我收到一个券商的需求，该券商很推崇华为的绩效管理，希望我分享一下华为在 OKR（目标与关键成果法）上的具体实践。收到这个需求之后，我表示无法回复他。因为华为没有推行 OKR，在绩效管理上也未采用纯粹的 KPI 考核，而是在 KPI 考核的基础上进行了改良，是定性、定量与目标管理的结合。更重要的是，我认为华为不太注重概念和工具，更注重实效，更注重战略目标的分解以及关键绩效目标和指标的达成。对于是不是采用了 OKR，没有人在乎。我回绝了这个需求，但明显感觉他很失望，因为在他看来，这是当下最时兴的考核管理方法和工具。对于 OKR 到底多么有效，我不予评价，我认为，管理的目的是简单、高效、实用，绝不是唯工具论，因为工具本身没有好

① SMART 原则指，目标必须是具体的、可以衡量的、可以达到的，与其他目标具有相关性，有明确的截止日期。

坏之分，只有适用与不适用，并且工具不是企业解决问题的关键。就好比战略制定是不是一定要用业务领先模型？我看未必。适合自身，能带来实际效果，容易掌握，通过实践检验证明是好的工具和方法即可。事实上，中小企业也不太适合用业务领先模型去制定战略，因为业务领先模型比较复杂，不容易掌握。

五是分层、分级考核。

基层员工：强调做事，以业绩考核为主，关注本岗位短期绩效目标的达成。

中层主管：兼顾中长期绩效目标的达成和业务规划的有效落实，关注团队管理、干部员工的培养和业务运作。

高层领导：关注长期、综合绩效目标的达成和对公司长期利益的贡献，重视团队建设和干部后备队建设，不断提升领导力，确保公司可持续发展。采用年度考核与中长期目标考核相结合，上岗述职与离任“快照”相结合的考核方式。

简而言之，高层领导更关注公司长期目标的实现；中层主管更关注中长期目标的实现及业务落地和团队培养；基层员工更关注短期目标的实现。

六是强制分布，拉开差距。

华为的绩效考核根据概率统计学原理，实行强制分布，在一个组织中，对 A，B+，B，C，D 进行严格的比例限制。当然，在优秀的组织中，可以适当调整 A 和 B+的比例，但整体需符合强制分布的要求。主要考虑以下几点：

- 强制分布符合概率统计学原理，具有一定的科学性。

- 强制分布既强调绝对性，又强调相对性。员工的考核结果除了与考核目标进行比较外，还需要与组织中的其他成员进行比较。这样可以不断激发组织活力，使整个组织的绩效不断上升，使员工在竞争中互相影响，共同进步。
- 强制分布能更好地促使管理者认真、严肃地对待绩效管理，避免随意性。
- 强制分布有利于拉开差距，多劳多得，远离平衡，避免“熵死”。
- 淘汰不合格和落后员工，有利于激发组织活力，提升组织的危机意识，避免“熵死”。

强制分布不是完美的。很明显，强制分布过于机械化了，不能很好地解决个性化、差异化团队和个人的评价问题，难免出现有失公允的情况。另外，强制分布对公司规模、人数有一定的要求，规模小、人数少的企业不太适合强制分布。但迄今为止，我仍然认为强制分布是最有效的绩效管理方法之一。这就好比中国的高考，对于高考，我们可以指出很多不足，但无法给出合适的替代方案。

七是绩效考核结果的强应用。

众所周知，华为的执行力很强，在几十年的发展过程中，几乎每年都能完成或超额完成目标。这么强的执行力和组织活力，与华为的绩效管理分不开，与绩效考核结果的强应用（见表 7 - 1）分不开。在华为，一切活动都要看员工绩效是否优异，涨薪、奖金发放、配股、外派、晋级、任职资格、内部调动、评奖……都会考虑员工的绩效。这种强应用会让员工非常关注绩效是否优异，也会激励员工尽量保持绩效优异。整个公司都是这样的，长期坚持，就会形成公司的绩效文化。绩效文化形成后，公司的组织活力、执行力就会增强，这将是一股巨大的能量。

表 7－1　员工考核结果强应用范围

<table>
<tr><th>考核等级</th><th>工资调整、易岗易薪</th><th>奖金</th><th>饱和配股</th><th>福利</th></tr>
<tr><td>A</td><td rowspan="3">有机会，但必须同员工综合考核结果、任职技能状况挂钩，并纳入工资标准范围进行管理</td><td rowspan="3">有机会，但必须同员工年度综合考核结果挂钩</td><td>有机会</td><td rowspan="5">与考核结果暂不建立对应关系</td></tr>
<tr><td>B+</td><td rowspan="2">根据公司当年配股总量和综合考核排名情况确定</td></tr>
<tr><td>B</td></tr>
<tr><td>C</td><td rowspan="2">不涨薪/降薪</td><td>很少或无</td><td rowspan="2">无</td></tr>
<tr><td>D</td><td>无</td></tr>
</table>

<table>
<tr><th>考核等级</th><th>干部任命、晋升</th><th>人岗匹配晋升</th><th>任职资格晋级</th><th>不胜任淘汰/干部清理</th><th>内部调动</th><th>原华为员工再入职</th></tr>
<tr><td>A</td><td>有机会，纳入继任通道</td><td colspan="2">有机会，可进入成长快通道</td><td rowspan="3">无</td><td colspan="2" rowspan="3">有机会</td></tr>
<tr><td>B+</td><td colspan="3" rowspan="2">有机会</td></tr>
<tr><td>B</td></tr>
<tr><td>C</td><td>没有机会或考虑降职</td><td colspan="2" rowspan="2">没有机会</td><td>个人绩效改进计划（PIP），监督绩效表现</td><td colspan="2" rowspan="2">没有机会</td></tr>
<tr><td>D</td><td>没有机会或降职 / 劝退</td><td>不合格干部调整</td></tr>
</table>

很多企业的绩效结果没有被强应用，带来的结果是，没人关心绩效。既然没人关心，那么绩效考核的效果就会大打折扣，甚至毫无用处。因此，也不可能形成公司强大的绩效文化。

我之前接触的很多民营企业，绩效结果的应用主要是和年终奖挂钩，绩效优异的，年终奖会多一些。但绩效结果未被强应用，会存在以下问题：一是考核结果只与年终奖相关，与薪酬、涨薪、晋升、调岗、降级、辞退等不是强相关。二是即便考核结果与年终奖相关，员工年终奖的差距也不明显，没有拉开差距。这也是导致很多公司绩效管理流于形式，大家不是特别在乎绩效考核结果的一个很重要的原因。

八是注重绩效管理的四个环节（见图7-1），提升组织绩效。

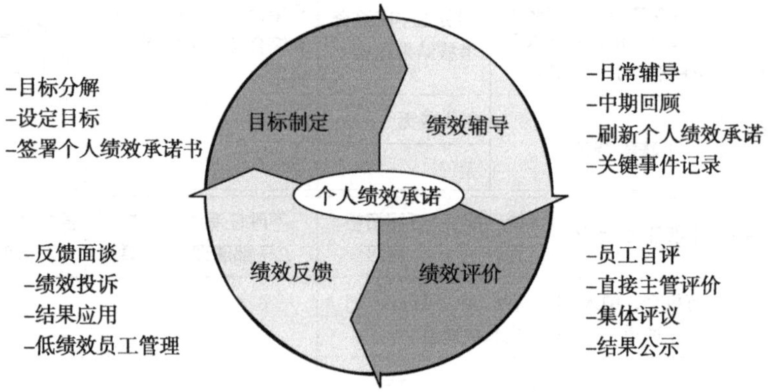

图7-1　华为绩效管理的四个环节

华为非常注重员工的目标制定、绩效辅导、绩效评价、绩效反馈四个环节的工作是否做到位。

绩效管理的最终目的是促进组织绩效的不断改进，从而激发组织活力，提升组织绩效，实现公司的商业价值。华为四个环节的工作做得很到位的一个重要体现是，主管非常愿意和善于与员工沟通，针对目标制定、绩效辅导、绩效评价和绩效反馈，主管会不断与员工沟通。在华为，员工不断地获得评价和反馈，这有利于员工成长并激发员工和组织的活力。

关于绩效管理的四个环节的工作，大部分企业做得都不好，基本上都会犯一个错误：注重结果，不注重过程。如果缺乏对员工绩效的过程管理，就不能实现改善员工绩效，从而提升组织绩效的目标，也就失去了绩效管理的战略意义。在华为，一般员工会撰写个人绩效承诺书（PBC），交给主管，主管会根据部门的工作目标和重点，与员工商量，进行必要的修改，之后签字确认。在绩效辅导阶段，如果员工的输出不是很理想，主管会主动与员工进行正式沟通，一次或者多次，帮助员工在工作中找到正确的方法，以更好地提升工作绩效。在绩效评价阶段，主管也会给出很中肯的评价，基于事实和依据来考评，尽量让员工信服。绩效反馈也很关键，公司规定主管必须与员工进行正式的绩效反馈面谈，就绩效评价的依据，员工的表现、优缺点与员工进行详细沟通，如果员工的绩效考核结果为C/D，那么主管还需要帮员工做绩效改进计划或者辞退员工。因此，绩效管理的四个环节非常关键，没有这四个环节，做不好绩效管理，员工就不知道提升的空间和方向在哪里，这不利于组织能力和绩效的提升。

也有很多民营企业家告诉我，很难对现在的员工进行管理，不知道怎样管，也不知道如何培养。实际上，组织管理、团队管理的一个重点是与员工保持沟通，沟通的频率要尽可能高。很多主管平常不与员工进行有效沟通，甚至连绩效管理的四个环节的工作也没做到位，平时的沟通就是交代任务。沟通的内容应涵盖几个方面：主要工作任务、目标，员工绩效提升、能力提升，员工的职业发展，员工的优势和不足，关心员工，私下沟通等。这些沟通最终形成有机整体。在华为，由于管理成熟，主管会多次与员工进行正式或非正式的沟通，员工总能感到上级关心他工作目标的达成情况，关心他的成长和进步，员工总是处在被评价、被关注、被关心的氛围中，这有利于员工的成长以及组织凝聚力的提升。

绩效主义毁了索尼吗

我们再来看一个反面例子，曾任索尼常务董事的土井利忠写过一篇很有名的文章，叫《绩效主义毁了索尼》，在文中他这样写道：

因实行绩效主义，职工逐渐失去工作热情。在这种情况下是无法产生激情集团的。为衡量业绩，首先必须把各种工作要素量化。但是工作是无法简单量化的。公司为统计业绩，花费了大量的精力和时间，而在真正的工作上却敷衍了事，出现了本末倒置的倾向。

因为要考核业绩，几乎所有人都提出容易实现的低目标，可以说索尼精神的核心即“挑战精神”消失了。因实行绩效主义，索尼公司内追求眼前利益的风气蔓延。这样一来，短期内难见效益的工作，比如产品质量检验以及“老化处理”工序都被忽视。

客观地讲，对于绩效主义是否毁了索尼，我们不得而知，但我认为，索尼的衰落不是绩效主义就能解释的，与产业调整的大背景、公司的战略方向和组织活力等很多方面有关。但根据描述，我们可以看到，索尼的绩效管理走向另一个极端，即过分精细化，产生巨大的内耗，聚焦在短期目标和内部管理上，而不是“多打粮食”，本末倒置。华为恰恰相反，华为没有绩效主义，只有绩效文化，华为的绩效文化产生了巨大的推动力和组织活力。因为华为聚焦于“产粮”，注重短、中、长期目标的平衡，简化管理，注重实效。这有本质的不同。

绩效考核是个伪命题，任何一家公司都必须解决如何正确评价价值的问题，只有这样才能合理地分配价值。没有这两个前提，企业如何才有组织活力？如何才能保证公平公正？如何才能留住优秀的员工？至于是绩效考核，还是别的名词，诸如目标管理等，都没关系，它们本质上是一样的。

正因为华为能够正确评价价值，做到远离平衡、奖优罚懒、简化管理、激发活力，才能激励广大干部、员工共同奋斗，不断向前。

合理分配价值

价值分配的导向和指导原则

一是向奋斗者、贡献者倾斜。

这几乎可以说是华为价值分配体系的核心，是最重要的指导原则。其实就是让奋斗者、做出贡献的人，能够获得与其劳动和贡献相匹配的报酬，将贡献和回报紧紧联系起来，使员工看得见，摸得着，从而激发组织的创造力和活力。

二是导向公司战略目标的达成。

价值分配要有利于公司战略目标的实现，有利于拿下山头，多产粮食，包括保持企业的可持续发展，促进企业的均衡发展等，都是导向战略目标的达成。

三是导向激励，而非高福利。

价值分配要起到激励作用，而不是导向高福利，导向无差别的员工普惠利益的提升，这样的分配没有激励作用，资源不能转化为员工奋斗的能量，而会沉淀为赘肉。

华为激励管理（价值分配）的主要亮点

一是薪酬战略。这里的薪酬指“大薪酬”，包括各种激励要素。华为的激励做得好，首先是因为薪酬战略和策略做得好。很多企业的激励容易陷入“术”的层面，薪酬战略是公司最重要的战略之一，它关系到公司以什么样的态度和方式对待人才以及在市场上采取什么样的人才竞争策略。如果这一步走错，那么后面的“术”已经没有太多意义。可以肯定的是，没有一流的薪酬和激励，就没有处于行业领先地位的一流企业。若没有薪酬战略，则华为不可能有今天的猛将如云，也就不可能领先于世界。华为薪酬战略主要包括几个方面：

- 薪酬领先战略。华为一直采用薪酬领先战略。在华为创立后不久，任正非就开始到高校招聘应届生，给的薪酬待遇远高于市场水平。这几年，应届生的基础起薪达到 10 000 ~ 12 000 元，远超市场同行，且上不封顶。2019 年，华为启动“天才少年”计划，向刚毕业的优秀博士生开出 200 万元的年薪。这么多年，全国一流院校，包括清华、北大等知名院校的学生大批进入华为，华为的高管绝大部分都是通过自己一步步培养起来的。不仅仅是在国内，华为在各个国家的薪酬水平也是领先于当地同行的。这是华为能够持续不断发展的不竭动力。
- 知本优先于资本。《华为公司基本法》里写得很清楚：“我们强调，人力资本不断增值的目标优先于财务资本增值的目标。”把这以纲领性文件确定下来，足见华为对人才的重视，华为是真正以奋斗者为本，而不是仅仅希望奋斗者奋斗，这符合价值对等的原则，即奋斗者付出辛苦劳动，公司给予与奋斗者创造的价值相匹配的回报。

随着中国经济的发展以及产业结构的不断调整，中国正在从低端制造向高附加值的高端制造迈进，正在从中国制造向中国创造迈进，以知识密集型、人才密集型为发展驱动力的企业越来越多。在这样一个大背景下，薪酬和激励战略尤为重要，无论是否采取薪酬领先战略，企业都必须提供有竞争力的薪酬，这是一个不争的事实。企业要吸纳一流的人才，必须做到以下几点：一是企业需提供具有市场竞争力的薪酬，如果是初创企业，无力支付太高的固定薪酬，那么应该做好长期激励计划，以有竞争力的、长远的整体激励来吸纳人才；二是企业必须为员工提供成长的平台，员工在企业能够学习和成长，获得未来发展的竞争力；三是企业必须有好的规划和愿景，让员工有希望，有荣誉感。只有这样，企业才能做好人才战略和薪酬战略，才能提升企业的竞争力。

二是拉开差距的激励。在介绍熵增定律时我们讲过，建立耗散结构是为了打破平衡，避免"熵死"。组织激励中要有利益差，有了利益差，水泵才能持续做功，才能不断激发组织活力，引导组织奋斗。拉开差距的激励的核心是本身有差距、有差异、有不同，不是为了拉开差距而拉开差距。拉开差距的激励是多层次、多维度的，主要体现在以下几个方面：

不同业务体系和业务单元根据为公司做出贡献的大小合理分配价值，薪酬包、加薪包、奖金包、股票池、权利分配、非物质激励等都不一样，多劳多得。

在同一业务体系和业务单元中，一线员工、中后台员工的价值分配是不一样的，分配的原则是向一线员工倾斜，要让一线员工与中后台员工拉开差距。

就个人而言，价值分配要向绩效优秀者倾斜，要让绩效优秀的员工与绩效差的员工拉开差距。

在华为，同一级别的员工，根据业务与非业务，一线与中后台，绩效优秀与绩效差，后期晋升速度，加薪速度等的不同，几年之后，员工之间价值分配的差异是巨大的，可能相差几倍甚至数十倍。任正非曾说："要把奖励和机会向成功者、奋斗者、业绩优秀者大胆倾斜。我们要拉开差距，后进者就会有奋斗的方向和动力，如此组织才会被激活。"

在拉开差距的激励方面，很多企业容易犯几个方面的错误：一是没有能力拉开差距；二是企业管理层害怕拉开差距；三是企业管理层不认可拉开差距的激励，更愿意适度、均衡地进行激励。企业没有能力进行拉开差距的激励的主要原因是，不能正确评价价值，不能区分员工贡献价值的大小。一些企业管理层受限于认知和管理水平，即使认可拉开差距的激励，但害怕这样的激励方式容易让企业失去平衡、难以控制，特别是有些骨干员工掌握着公司的核心机密和技术，一旦激励不公，他们就会跳槽，这本质上还是管理能力弱的表现。还有一些企业的管理层不认可拉开差距的激励，认为"大锅饭"挺好，认为无须过分区分员工的贡献，这样上下和气，企业才能够平稳前行。总之，各种没有拉开差距的、均衡的激励方式仍然大有市场，但采用这种激励方式的企业最终会失去活力，无法在竞争中取胜。

三是多元化激励。华为的激励是多元化的，不是单一的，从人性需求出发，解决人在不同时期、不同阶段的激励需求。多元化的激励主要体现在以下几个方面：

- 注重短、中、长期激励的结合。薪资福利、即时激励主要满足员工日常、短期的激励需求，激励员工为当前目标做出贡献；奖金主要满足员工中长期激励需求，激励员工为年度目标、中长期目标做出贡献；TUP（时间单位计划）、公司股票主要满足员工的长期激励需求，激励员工持续不断地奋斗。不同激励的发放时间也不一样，包括按月度发放、及时发放、按季度发放、按年度发放，以及不定期发放。

- 物质激励与非物质激励相结合。物质激励包括薪酬、福利、奖金、分红、专项奖、补贴等。非物质激励包括晋升、评奖、评优、机会、培训、宣传等。

华为的多元化激励考虑到不同层次的不同员工的激励需求，能够从各个方面、多种维度给予员工更多、更好、更合适的激励，从而更好地激发组织活力，激发全员战斗力。

《华为公司基本法》第十八条指出，华为可分配的价值，主要为组织权力和经济利益；其分配形式是：机会、职权、工资、奖金、安全退休金、医疗保障、股权、红利，以及其他人事待遇。我们实行按劳分配与按资分配相结合的分配方式。

事实上，华为的非物质激励是很丰富的，就拿评奖来说，华为有各种各样的奖项：金牌奖、蓝血十杰、天道酬勤奖、明日之星、优秀家属奖以及其他各种名目的专项奖。例如，金牌奖被奖给为公司持续商业成功做出重大和突出贡献的团队和个人，是公司授予员工的最高荣誉奖。每一百人中评选出一名金牌个人，颁发金牌个人奖；每四百人中评选出一个金牌团队，颁发金牌团队奖。天道酬勤奖被奖给在海外累计工作 10 年以上或在艰苦地区连续工作 6 年以上的海外长期派遣员工，以及全球流动工作累计 10 年或在艰苦地区连续工作 6 年的外籍员工。蓝血十杰是华为管理体系建设的最高荣誉奖，奖励在公司管理体系建设中做出突出贡献的员工，以促进公司建立严谨、有序、简单的管理体系，支撑公司多打粮食。其他专项奖更是名目繁多。

华为不仅会设奖，对颁奖也很在行。不管是奖品的选用或设计，还是现场的安排，都极为用心，绝不粗制滥造、敷衍了事。通常，华为会在酒店召开一个隆重的表彰大会，相关的部门领导和员工参加，管理者颁奖。对参会人员的着装有严格要求，必须隆重。花团锦簇，红旗飘扬，口号震天响，这几样必不可少，将整个会场气氛烘托得庄重、斗志昂扬。获奖代表的感人事迹被娓娓道来，真实、朴素、认真、严谨，是对员工一次彻底的心灵洗礼。我记得有一次颁天道酬勤奖，很多人都热泪盈眶，因为获奖者朴实的坚守、默默的付出、持之以恒的奋斗感动了许多人。很多故事就发生在自己身边，很多是自己亲身经历，这是华为员工奋斗史的缩影，激励后来者不断奋进。

公司视组织权力（不是权利）为一种可以分配的价值，而且把它作为比利益更重要的一种分配价值。原因在于在分配的范畴，权力和权利存在着对等关系。《华为公司基本法》将其列在经济利益之前，意味着公司对组织权力的重视，故在价值分配的依据中，将“责任”列为第二位。华为人常讲，当官意味着风险，官位是一种责任，《华为公司基本法》讲“奉献者定当得到合理的回报”。这意味着公司是把“工作本身也作为工作的报酬”。

——《华为公司基本法》辅导报告之二，1998 年四是极致激励。除了薪酬和奖金处在行业领先水平，华为的全员持股政策更是世界罕见。华为目前的股东超过9万人，作为创始人的任正非的持股比例为1.14%，而且经过2019年下半年的增发和拆股，任正非的持股比例进一步下降。这是什么概念？这就是极致的激励。全员持股政策是华为对抗熵增，激发组织活力最有效、最重要的手段。一个公司要成功，很重要的一点是员工把公司的事情当作自己的事情，十几万有学历、有能力、有知识、有奋斗精神的员工把公司的事情当作自己的事情，所爆发出来的能量是无法想象的，这样的组织活力也是极为罕见的。我常常说，华为这样的企业不成功很难，华为的成功基于把以客户为中心，以奋斗者为本做到了极致。在产品和服务上，把以客户为中心做到了极致，在考核和激励上，把以奋斗者为本做到了极致，这两个极致是华为战无不胜的法宝。坊间有不少传言，说华为压榨员工，这是个不折不扣的谎言，试想一下，那么多名牌大学毕业生为什么愿意在华为工作？绝大部分离职的员工都在感念华为，说华为好话，为什么？华为拥有的全球视野和发展机会，有几家公司拥有？华为业界领先的薪酬待遇，几家公司能提供？华为全员持股的政策，几家公司敢采用？华为员工主动离职，公司仍然给予$N+1$的补偿，又有几家公司能做到？恰恰相反，华为给予的是极致的激励，只不过它不是无原则的激励，员工只有付出，才能获得回报，付出的多，回报就多。

华为的激励不像国内一些企业那样，在口头上激励员工，在行动上压榨员工。有些老板不愿意分享，不愿意给员工更多激励，不是以奋斗者为本，更不用提极致的激励。我常常看到一些中小企业老板为此感到苦恼，他们时常提及，“华为能够给员工更好的激励，是因为华为有钱，我们还在创业阶段，做不到”。事实上，他们并不清楚，华为的股权激励恰恰是早年华为在发展遇到困难，没有办法获得外部融资时而实施的。2000 年，IT 行业泡沫破灭，公司在没有办法全额支付薪酬的情况下再次实施股权激励，这就是虚拟受限股的发端。因此，激励是有很多方式的，也不是非要等公司有钱了才能实施。只要老板愿意分享，把人才放在突出位置，就会找到激励的办法。华为实施股权激励的时间很早，在现代企业中，人才竞争越来越激烈，不实施股权激励的公司很难做大。可以说，合伙人制、股权激励是现代企业的标配。在这一点上，我比较欣赏和认同小米创始人雷军的做法：“小米是一个创业公司，如果一个人不在乎我们的股份，只是要一份工资不错的工作，那我觉得这个人不是我想要的，他没有创业精神！”中小企业、创业公司面临巨大的困难、风险和不确定性，缺钱、缺资源、缺人脉，什么都缺，激励员工最好的方式是实施股权激励，只有这样，才能吸引做事业的人才加入，才能保持人员队伍的稳定性，才能奠定做大事业的基础。

华为股权激励政策的突出优势如下：

- 虚拟股权，本质上是分红权和增值权，不能交易和转让，它既保证了公司不失控，又可以实现全员持股。
- 长期激励，从公司发展角度看，一个企业能够发展是因为有一群人把公司的事当作自己的事，这要靠长期激励才能实现。华为的长期激励能够确保人才的稳定，鼓励员工持续奋斗，把公司的事当作自己的事。有些企业很难持续做大，很重要的原因是没有长期激励，没有解决谁为谁打工的问题，留不住真正的人才来为公司做贡献。

- 足够的回报，华为这些年的飞速发展很好地支撑了股权收益率。分红的年化收益率基本维持在30%左右。记得2010年，当时我还在华为，每股的价格是5.42元，当年每股的分红是2.98元，分红收益率是54.98%。全员持股极大地激发了组织的活力和战斗力，是公司能够持续多产“粮食”的基础，又因为公司产的“粮食”足够多，所以员工才能获得更多的分红收益。
- 保证本金安全，员工可以随时向公司申请本金回购，保证了本金安全。
- 退出机制合理，员工一旦离职，公司必须回购股票，按照每股净资产计算价格，一般会有一些溢价。
- 导向激励，一是只有公司员工才有资格配股，二是配股的多少与员工的责任大小（职级）、贡献（绩效）、使命感（核心价值观践行情况）挂钩，贡献大的多配，贡献小的少配。
- 合理地运用资本，员工配股是通过现金购买，华为通过员工配股获得的持续融资至少在300亿元以上，能够有效地支持公司业务发展。华为没有上市，很好地规避了资本的急功近利和贪婪。

华为股权激励的对象和基本要求是：连续工作满2年（从转正之日起）且职级为14级及以上的在职员工；配股日的前2个年度的年度绩效在B及以上且不能有D；配股日的前2个年度没有受到公司的处罚（公司正式签发文件，不含通报批评）；以上条件是“与”的关系，必须同时满足；特殊人才的配股由董事会特别批准，不受以上条款限制。可见，华为的股权激励虽然是员工购买，但也是充分导向激励，不是想买就能买，想买多少就能买多少的。

华为股权激励体现二八原则，向有效的奋斗者倾斜。结合长期绩效（近 2～3 年的绩效）贡献和核心价值观践行（使命感）的矩阵，华为每年例行对全员进行严格的人才识别，并打标签。把人才分为五大类：高绩效＋使命感强、普通绩效＋使命感强、高绩效＋使命感其他、普通绩效＋使命感其他、低绩效＋使命感其他。

占员工总人数 25%～30% 的“高绩效＋使命感强”人群，即“有效的奋斗者”，根据以奋斗者为本的原则，在股权分配上优先配满，在实践中，该人群分享了 70% 以上的配股资源，与其他员工拉开了显著差距。而对于低绩效人群，华为明确规定不予配股。

华为的股权激励对处在快速上升期的优秀年轻人有利。“饱和配股”原则对应每个级别的配股量上限规定，根据人才分类的情况，华为明确规定了每类人才的配股“参考饱和比例”。这使得已“沉淀”的老员工，由于多年配股的存量已达到一定比例，如果职级不晋升，就没有了配股空间。相反，处于快速上升期的员工或新员工，因为既有股票少，大多有足够的配股空间，在股权分配时会更受益，这其中的“有效的奋斗者”，能被更快地“加满油”。

五是导向激励。我们在介绍熵增定律时讲过，一个企业容易遭遇中年危机，中年危机的本质是，企业在发展到一定阶段，具备一定规模，取得一定成绩之后容易自满懈怠；一个王朝发展到一定阶段之后，庞大的食利阶层会大到一个国家承受不起；一个人富裕之后也容易懒惰，不再努力和奋斗。因此，如果一个企业的激励制度是导向保障性高福利的，那么这个企业的包袱一定会越来越重，因为客户并不会为企业的高福利买单，高福利会让企业和员工失去危机感，导致懒惰，企业最终将无法前行。

因此，华为特别注重薪酬的激励作用，而非保障作用。华为这些年一直在努力减少刚性成本，提升弹性成本的比例。例如，华为薪酬包占销售收入的比例在18%以下，近几年是15%左右，华为希望将这一比例降至10%～12%，保留6%～8%的弹性成本。弹性成本可以被理解为奖金或不确定的激励，业绩好就多发，业绩不好就少发，这是为了更好地体现薪酬和奖金的激励作用。再比如，华为对薪酬包和加薪包都有核算公式，与销售收入和利润直接相关联，不会一味地提高待遇，而不顾企业的发展实际。

这里需要澄清一点。导向激励，而非保障，并不意味着华为的福利保障差。首先，华为的基本福利待遇不低于国家标准。其次，华为作为国际化公司，各种保障性措施、福利和补贴不能少，否则无法保障员工生命安全，无法保障员工正常业务的开展。例如，华为的补贴和福利有很多种，除基本的社保、公积金外，还有商业保险、艰苦补助、离家补助、高原补助、战争补助、抢劫补助、差旅补贴、伙食补贴、退休和辞职补贴（$N+1$）、体检等。

工作中，我们也会发现，部分企业的保障性激励占比过大，弹性激励太少。在很多公司，员工工资收益占全部收益的80%，弹性收益主要是奖金和提成，占比很低，在这样的情况下，激励的手段会很少。华为目前的激励主要包括三个部分：工资、奖金、股票，工资是刚性激励，无论业绩好不好都要兑付，奖金、股票是弹性激励，每年根据公司实际的利润进行发放，没有利润就不发奖金或不配股。这三部分激励的每一部分占员工总收益的1/3左右，这就形成了激励的“三足鼎立”，而且有两部分是弹性的，占比超过60%，激励的手段得到大大提升。与此相反，有些企业的福利出了名的好，但是这种普惠式福利并不能激励员工奋斗，因为人人都有，体现不了差距，打破不了平衡，久而久之，就完全失去了激励的作用。

六是人岗匹配。华为薪酬管理的精髓可以用16个字概括：以岗定级，以级定薪，人岗匹配，易岗易薪。这需要在岗位分析的基础上实施（见图7－2）。

图7－2　岗位分析过程

以岗定级，指的是每个岗位对应一个职级，职级代表这个岗位对企业的重要程度和价值大小，代表岗位责任的大小。以岗定级需要几个步骤：一是要对岗位进行梳理和分析，确定岗位序列。例如，财务、人力资源管理、研发、销售、交付、供应链、运营等包括哪些岗位，如何对岗位进行排序等；二是在梳理、分析的基础上对岗位进行评估和“称重”，确定每一个岗位对应的级别。

以级定薪，指的是以岗位的级别来确定岗位的薪酬范围。华为实行的是宽带薪酬，也就是每一个岗位都有一个薪酬范围，岗位对应级别，级别对应薪酬范围，不能超出范围。关于相应的薪酬范围，华为会通过与外界各类行业进行差异化对标，再根据自身的薪酬策略，进行具体设计和赋值。

人岗匹配，指的是员工的工作能力、绩效与所在岗位的职责、重要程度和要求匹配。华为每年都要对员工的人岗匹配情况进行回顾，看人员是否匹配岗位要求，如果超出了岗位的要求，就可以升级到更高的岗位和级别，如果还在岗位要求范围内，那么可以不调整，如果低于岗位要求，那么就往下一级岗位和级别调整。

易岗易薪，指岗位发生变化的时候，薪酬会随之调整。这建立在人岗匹配的基础上，指的是薪酬与岗位的关联度和对应关系。如果员工的岗位变动，岗位升高一个级别，那么薪酬也应该调高一级，降级也是如此。

华为以岗定级、以级定薪、人岗匹配、易岗易薪的重要意义如下：

- 建立了公司岗位、职级、薪酬的对应表，明确了岗位标准、任职要求和职责以及所对应的级别、薪酬标准，这套标准是相对客观的内部岗位重要程度的画像。
- 可以很好地评估公司人员的能力、绩效、表现是否达到公司岗位标准，即人岗是否匹配。从而为人才的选拔、培养、晋升、降级、淘汰等确立了标准和依据。
- 建立了公司薪酬标准，为人员的激励以及薪酬的升降确立了依据。
- 提供了很好的晋升通道，员工不再依赖职位的提升来获得职业发展，可以根据岗位的重要性及贡献向上发展。
- 人员能上能下，薪酬能高能低，不是一潭死水，激发了组织活力。

以岗定级、以级定薪、人岗匹配、易岗易薪的薪酬管理办法是华为薪酬管理的精髓和标准，它充分地阐述了岗位和级别、级别和薪水、人员和岗位、岗位变动与薪酬变动之间的关系，这套标准是比较客观和实用的，它的内在管理逻辑是正确的，也适合其他企业。但是，其他企业可以依托这一管理思想建立自己的薪酬标准，而不能完全照搬。大部分中小企业没有这类标准，在工作中，有不少企业咨询我们，表示它们很想根据公司的实际情况，建立一套适合自己的薪酬标准。我认为，这套标准是很专业的，大部分中小企业没有能力自己构建，小企业也不一定要做得这么专业和复杂。当公司规模不大时，只要有岗位序列以及与市场相适应的薪酬范围即可，等公司规模扩大、人员增长到一定规模之后再请专业公司帮忙构建。

七是奖金分配。华为奖金包占薪酬（不含股权收益）的比例是比较高的，超过一半，比工资数额还大。对于奖金的分配，多年来华为形成了一套完善的方案，起到了很好的激励作用。

奖金是弹性的，导向激励的，取决于公司总体经营状况、部门绩效和员工个人绩效。因此，奖金可能有，也可能没有，多少取决于以上三个因素。华为奖金包的确定依据一个公式：公司年度总奖金池 =（公司年度净利润 - 年度经营性净资产收益）×人力资本分配比例。年度经营性净资产收益指的是，全体股东的投资是有财务成本并要有回报的，这个收益是最低的财务回报要求。在公司总的奖金包确定之后，部门根据价值贡献系数、组织绩效进行奖金包的分配，然后个人根据岗位级别、绩效进行再分配。

获取分享制与评价分配制。获取分享制，指的是依据业务经营单位为公司创造的收益，公司按照一定比例向团队分配。这样的安排有利于团队积极努力工作，而且基于高效率的项目财务核算，相应的业务经营单元每个阶段产生了多少可分配收益，是大致可视的。获取分享制适用于业务比较稳定、相对成熟的业务经营单位。

评价分配制，指业务经营单位不与创造的经济效益直接挂钩或者强挂钩，主要是基于一定的标准和基础，包括历史参考和行业比较等，通过绩效评价来分配收益。因为获取分享制的一个重要特点是能够很好地创造经济效益，但一些公司战略目标、新业务目标、新的区域拓展或者“攻山头”计划无法用经济效益来衡量，只能用评价分配制。评价分配制的方式可以是定额奖金、专项奖励等。

根据业务属性制定价值分配规则。根据业务属性进行划分，华为的业务分为成熟业务、成长业务、拓展业务和支撑部门。成熟业务有两种分享模式。一种是存量获取，根据贡献利润获取。一种是增量获取，增量分享才是公司重点考虑的，代表业务在增长，奖金包 = 去年奖金包 × (1 + 经营效益改善率)。经营效益改善率 = 销售增长率 × 权重 + 贡献利润增长率 × 权重 + 营运资金改善率 × 权重。

成长业务不那么好预计，业务的不确定性高。奖金主要和业务的增长关联，华为引入熔断机制，当奖金超过预算金额的 2 倍时，超出部分不再计算。

拓展业务的不确定性更高，团队创造的价值有可能还体现不出来，或者干脆是亏损状态。如果奖金与创造的收益挂钩，那么负责拓展业务的团队和员工是吃亏的。针对这类业务，华为有保护机制，就是在一定的期限内保证团队和员工的收益。例如，不低于原来成熟经营单位的奖金。当然，过了一定期限，就不再提供保护，团队必须创造收益，养活自己，如果仍然没有收益，那么这个业务可能就要被调整或砍掉。

对于支撑部门，总奖金包 = 业务部门平均奖金 × 支撑部门人员数。

某支撑部门奖金包 = 支撑部门总奖金包 × 薪酬占比 × 绩效系数 × 人均效益系数。支撑部门为公司管理、内控、“堤坝”起到了很好的监管作用，它们的奖金无法用收益和增长率来衡量，不那么好量化。

例如，华为运营商业务是相对成熟的业务，对于这样的业务，根据主要收入、利润、回款指标的完成情况确定奖金包，利润很重要；企业业务和消费者业务是成长型业务，对于这样的业务，收入很重要，关系到公司规模扩张和市场占有率，利润、回款也是奖金确定的依据；云业务、AI、大数据等属于拓展业务，对于这样的业务，需要综合考虑公司战略目标，主要根据目标考核确定奖金。

华为的奖金数额是比较可观的，普通员工获得的奖金数额相当于几个月的薪水。业务人员、一线人员、绩效突出的员工、高级管理人员的奖金数额更高。每年 5 月，华为一般会发放上一年度的奖金，发完奖金之后，我们总能发现，开往华为总部基地的路上又多了不少新车。华为员工购置房产的比例也会增加。公司鼓励大家努力工作、积极消费，为家人创造更好的生活条件。正因为员工努力工作，公司业务发展良好，员工获得的分配收益也很可观，消费能力不容小觑。华为一部分业务和员工搬到东莞松山湖之后，极大地带动了松山湖当地的消费，这是一个良性循环。

价值评价、价值分配的灰度管理

在价值评价、价值分配中会涉及集体与个人、长期目标与短期目标、绝对公平与相对公平、平衡与打破平衡、公平与效率、员工与股东、劳动者与奋斗者、原则性与灵活度等各种关系和要素的考量，华为都能够很好地处理，其实就是基于任正非强调的灰度管理。比如，绩效考核既要做到绝大多数人的公平，又不能过分追求公平；既要做到正确评价价值，又不能过分、无限度地追求考核精细化，造成巨大内耗；企业考核过程中既要追求短期目标的实现，又要关注中长期目标的实现，或者为中长期目标的实现打下牢固的基础。在价值分配中，既要考虑股东的财务性回报，也要考虑员工的劳动性回报；既要考虑整个公司基于岗位、级别定薪的平衡性，又要基于员工绩效和贡献打破平衡。这些都需要综合考量。从结果和我的体会来看，华为非常好地运用了灰度智慧，很好地处理了这些矛盾和关系，激发了组织活力，提升了组织效率。

华为通过识别和激励奋斗者，通过正确评价价值，合理分配价值，包括极致的激励，真正做到了以奋斗者为本。以奋斗者为本的企业文化和制度设计，极大地激发了组织活力，创造了巨大的物质财富，突破了一个个艰难险阻，使华为的业务遍布全球，并在多个业务或技术领域步入“无人区”。

正如华为的一位员工所写：“全球每天有超过二十亿人口用华为建设的网络接通电话，实现互联互通。在遥远的蛮荒之地西伯利亚，在遍布险阻的非洲乞力马扎罗山，在八千米之上的喜马拉雅山珠峰，在零下四十摄氏度的极寒南北极，在穷苦肆虐的非洲大地，抑或在巴黎、伦敦和悉尼等顶级商业中心，都遍布着华为的足迹。这是多么了不起的成绩，也是千千万万英雄儿女的持续奋斗才取得的辉煌成就。”试想，如果不是以奋斗者为本的制度设计和安排，会有那么多的华为员工分散在世界各地，风餐露宿、没日没夜、背井离乡、持续奋斗吗？显而易见，是不可能实现的。正因为华为做到了以奋斗者为本，才让组织焕发了无穷的活力和威力，才能战无不胜。

第八章
坚持自我批判，激活组织，持续向前

惶者生存，企业最大的危机是没有危机感。
如果一个公司真正强大，就要敢于批评
自己。摇摇欲坠的公司，根本不敢揭丑。

从熵增定律中我们可以看到，一个王朝从强盛到衰落，一个企业从辉煌到倒闭，一个人从进步到落后，其中一个很重要的原因是丧失了危机感，骄傲自满，故步自封，无法自我革新、无法对抗持续的熵增。蜂窝通信是摩托罗拉发明的，光传输是朗讯发明的，数码相机是柯达发明的……历史上很多开拓者最后变成了失败者。这些巨头的倒下是因为没有预测到未来，没有预测到未来是因为沉浸在过去的辉煌而不自知，不懂得持续向前，自我革新。任正非表示，要活下去，就要超越，要超越，首先必须超越自我；超越自我的必要条件，是及时去除一切错误。要去除一切错误，首先要敢于自我批判。因此，没有自我批判，就不能持续向前，就会停步，最终的结局就是灭亡。

华为是在自我批判中不断前行，“十年来我天天思考的都是失败，对成功视而不见，也没什么荣誉感、自豪感，有的是危机感”，这是任正非的真实写照。任正非关于华为危机和自我批判的思考非常多，《华为的冬天》《成功不是未来前进的可靠向导》《前进的路上不会铺满鲜花》《为什么要自我批判》等，都是在讲危机、失败和自我批判。

任正非关于自我批判的论述和观点更是针针见血，发人深省。“惶者生存，不断有危机感的公司才能生存下来”；“正所谓不进则退，成功不是走向未来的可靠向导”；“华为要不断进行自我批判，抛弃一切可以抛弃的东西，虚心向业界最佳学习”；“自我批判是掘松管理土壤，使优良管理扎根生长的好办法”；“华为公司到底能活多久？如果从华为公司的现实来看，是一天不改进就会死亡，多改进一天，生命就会多延续一天”；“我们公司从小公司发展到今天较大的公司，一直在摸着石头过河。但我不希望我们掉到河里去，也不希望我们摸错了方向，所以必须避免管理幼稚病”；“华为公司还是一个十分年轻的公司，充满了活力与激情，也充塞着幼稚与自傲”；“如果一个公司真正强大，就要敢于批评自己，摇摇欲坠的公司根本不敢揭丑”；“20 多年的奋斗实践，使我们领悟到自我批判对一个公司的发展有多么重要。如果我们没有坚持这条原则，那么华为绝不会有今天。”“自我批判无止境，就像活到老，学到老一样，陪伴我们终身”；“自我批判，不是自卑，而是自信，只有强者才会自我批判”；“最好的防御就是进攻，进攻就是进攻我们自己，永不停歇，直到死的那天”等，这些关于批判的思考，悟透了自然规律，振聋发聩。正因为华为一直坚持自我批判，才能不断被激活，正因为华为不满足于过去取得的成就，才能不断地奋勇向前。

为什么要坚持自我批判

自我批判是不断向前发展的前提

人类历史的发展是否定、肯定、再否定，不断反思，自我改进和革新的过程，历史滚滚向前，周而复始。自我批判是不断向前发展的必要条件。在清朝时期，统治者自诩为泱泱大国，唯我独尊、狂妄自大，丢弃了自我批判和学习，兴文字狱，施海禁，闭关锁国，视新事物为洪水猛兽，导致中国落后挨打。日本的明治维新使国家走向工业化，日本摒弃了过去故步自封的发展史，批判过去，向西方学习，向先进者学习，最终走向富强。美国时刻保持危机感，在国家战略层面从来不让现实的竞争对手或假想敌缺位。二战后德国能够迅速崛起，是因为彻底批判了纳粹主义，大力发展制造业。

失败是成功之母，前提是懂得自我批判，学会吸取教训，否则只会屡战屡败。历史如一江春水向东流，总结过去，批判自我，才能不断升华、成长和蜕变。

过去的成功往往导致失败

史玉柱失败后，曾经对媒体表示："我们作为曾经失败过，至少有失败经历的人，应该经常从里面学点东西。人在成功的时候是学不到东西的，人在顺境的时候，在成功的时候，沉不下心来，总结的东西自然是很虚的。只有在失败的时候，总结的教训才是深刻的，才是真的。"这一点在很多企业家身上都有体现，成功了，不可一世，听不进去意见，容不得别人批评，趾高气扬，沾沾自喜，故步自封。

由于工作关系，我会经常和企业家接触，在接触过程中，我发现，很多企业家、创始人的固有思维太深，无法接受别人的意见，几乎难以改变，非要碰得头破血流，才能长记性。他们的逻辑是："我已经这么成功了，那么我原来的想法和做法就是对的，我不应该听信他人，特别是那些还不如自己成功的人。"另一个逻辑是，他们因为自己在某一个领域里的成功，认为自己无所不能，可以适应任何领域、任何场景。于是，做实业的企业家开始做投资，而且还不愿意听专业人士的意见；做单一经营的，开始进行多元化经营或集团化经营；创业时期还能艰苦奋斗，富裕了之后就好逸恶劳；公司规模小的时候不断学习，有点规模之后开始著书立传，歌功颂德，很多公司“死”在了过去的功劳簿上。这是很现实的，这两年，那么多上市公司债务缠身，杠杆高起，频繁地进行资本运作，进行多元化经营，最终一败涂地，究其原因，是心理作祟，他们以为过往的成功会让自己持续成功。然而，事实正好相反，过往的成功往往导致失败。

成功的企业患上“变革无力症”，本质上是因为企业丧失了自我批判的能力。曾经成功、后来衰败的企业要么是没有意识到问题的存在，要么是虽然意识到了问题的存在，但很难做出改变，无力应对企业衰落的颓势。

“成功不是未来前进的可靠向导。成功也有可能导致经验主义，导致我们步入陷阱。历史上有很多成功的公司步入陷阱，例子很多。时间、空间、管理者的状态都在不断变化，我们不能刻舟求剑，所以成功是不能复制的。能不能成功，在于我们有无掌握我们的文化和经验，并灵活地去实践，这并不是一件容易的事情。”

过往的成功往往导致失败。因为宏观环境、时间、行业、商业环境、竞争态势等都在发生变化，用过往不变的经验应对变化的事物，往往会失败。另外，过往的利益集团往往会成为新生事物的阻力，这种根深蒂固的成见，会给刚刚萌芽的新事物以致命一击，导致失败。

对抗熵增是痛苦的，企业的危机无处不在

企业必然走向“死亡”，这是熵增定律，没有企业可以永远存在。华为的管理层深知企业面临的危机无处不在，经营企业必须如履薄冰，战战兢兢。华为曾经历过几次大的危机，包括美国全球打压，稍有不慎，满盘皆输。华为很清楚，一个企业没有危机意识就是企业最大的危

机。例如，华为在被美国打压之前已经做了多年准备，因为华为时刻保持危机意识，坚持自我批判，不断改进，查漏补缺，以备不时之需。

在熵增定律中，我们还提出，企业面临的宏观环境是非线性的，是复杂多变的。危机无处不在，宏观环境的改变、政策变化、恶意打压、技术革命、战争、动乱、效率低下等各种因素都会对企业生存发展产生巨大影响。企业如何才能应付这么多的不确定性和危机？唯有强健自身，不断精进，永不满足，才能在批判中前行，在变化中适应。

任正非曾在《北国之春》中写道："华为经历了十年的高速发展，能不能长期持续发展，会不会遭遇低增长，甚至是长时间的低增长；企业结构与管理上存在什么问题；员工在和平时期快速晋升，能否经受得起冬天的严寒；快速发展中的现金流会不会中断，如在江河凝固时，有涓涓细流，不致使企业处于完全停滞……这些都是企业领导人应预先研究的。""华为总会有冬天，准备好棉衣，比不准备好。""什么叫成功？是像日本企业那样，经九死一生还能好好活着，这才是真正的成功。华为没有成功，只有成长。华为经过的太平时间太长了，在和平时期升官升得太多了，这也许会导致灾难。泰坦尼克号也是在一片欢呼声中出海的。""我们许多员工盲目地自豪，他们就像井底之蛙一样，看到我们在局部产品上偶然领先于西方公司，就认为我们公司已达世界水平。他们并不知道世界著名公司的内涵，也不知道世界的发展趋势，以及别人不愿公布的潜在成就。华为在这方面很年轻，很幼稚，很不成熟。""创业难，守业难，知难不难。"

时代变化太快，不进则退

时下流行的一句话是："我们可能什么错误都没犯，我们只是老了，看不懂年轻人的需求，从而被市场抛弃了。”听着很残酷，但确实是当下企业的现状。信息时代瞬息万变，如果企业不思进取，还在回味昔日的荣光，就注定会被历史抹掉。变化快几乎体现在各个方面：技术的日新月异，商业模式的不断演变，消费趋势的不断迭代，信息的不断透明和公开，企业稍有不慎，就赶不上时代的变化，只有不断自我批判，自我革新，自我超越，才能不被别人“革命”，不被时代“革命”。

华为的过去无疑是非常成功的，恰恰是这种成功让华为感觉到危机四伏，如果华为没有坚持自我批判，任正非没有大声疾呼和冷静思考，那么华为的干部和员工早就骄傲自满了，华为早就“死”在过去的丰功伟绩上了。所以，每隔一段时间，任正非就会强调“华为的冬天”，华为远没有成功，只有成长，华为进入“无人区”……目的还是坚持自我批判，回归理性，不断学习和进步，远离骄傲自满、松弛懈怠的舒适区，持续地激活组织。

> 任何一个人要不被时代所淘汰，唯一的办法就是学习、学习、再学习，实践、实践、再实践，取长补短，否则一定会被淘汰。从科技的角度来看，未来二三十年人类社会将演变成一个智能社会，至于其深度和广度，我们还无法想象。前途越是不确定，越需要创造，这也给千百万家企业提供了千载难逢的机会。我们公司如何努力前进？面对困难重重，机会、危险也重重，不进则退。如果不能扛起重大的社会责任，坚持创新，那么迟早会被颠覆。
>
> ——任正非在全国科技创新大会上的讲话，2016 年

柯达在拍照领域的地位曾经无人能及，几乎垄断全球市场，拥有十

几万名员工，营销网络遍布全球。然而，随着数码成像技术的不断发展和普及，数码产品仿佛一夜之间席卷全球，传统胶卷市场迅速下滑，昔日霸主柯达的衰落是自然而然的事情。然而，谁也想不到，陨落于数码时代的柯达，早在1975年就发明了世界上第一台数码相机，原来它对数码技术的兴起早有预判。那么柯达为什么会成为历史呢？因为放不下自己传统胶卷业务的巨大市场和利益，缺乏前瞻性的柯达为了不让数码相机冲击如日中天的胶卷业务，竟然选择搁置数码相机业务，仍大力发展传统胶卷业务。到1998年，柯达已察觉到传统胶卷业务的日渐萎缩，但它仍然拒绝改变，并认为自身不会受到重大威胁，也没有意识到，危机已经迫近。直到2003年，传统胶卷业务已很难继续维持，柯达才不得不进行战略转型，大力发展数码产品。而此时，距离柯达发明第一台数码相机已过去将近30年。最终，骄傲自大、故步自封的柯达在几十年后，眼睁睁地将行业龙头老大的位置让于佳能、富士等日系品牌。柯达过去的成功，使决策层过于自信，缺乏自我批判精神，导致巨大的战略失误，最终的结局就是破灭。

克服自身的不良习性

任正非在《为什么要自我批判》里写道：“如果没有长期持续的自我批判，我们的制造平台，就不会把不合格率降到20 ppm（百万分之一）。中国人一向散漫、自由、富有幻想、不安分、喜欢浅尝辄止的创新，不愿从事枯燥无味、日复一日的工作，不愿意接受流程和规章制度的约束，难以真正职业化地对待流程与质量，不能冷静而严肃地面对流水线。没有自我批判，无法克服中国人的不良习气，我们怎么能使产品达到国际高水平，甚至超过同行？他们这种与自身斗争，使自己适应同日本人、德国人一样的工作方法，为公司占有市场打下了良好的基础。如果没有这种与国际接轨的高质量，我们就不会生存到今天。”

泰戈尔在《飞鸟集》里写道：“当我们是大为谦卑的时候，便是我们最近于伟大的时候。”任正非也说：“人只有感觉到自己的渺小，行为才开始伟大！”只有自我批判，才能不断进步。

华为如何进行自我批判

领导人首先进行自我批判

可以说，华为之所以能时时刻刻警醒自己，与任正非对企业发展规律和自我批判的正确认识紧密相连，任正非是自我批判的践行者。任正非总结历史规律，以史为鉴；总结其他企业的失败案例，吸取教训；学习一切先进经验，学以致用。这本质上都是在不断超越自我，批判自我，改正自身的缺点和不足。对自身，他也有清醒的认识。任正非曾说：“想起蹉跎岁月，才觉得（自己），怎么会这么幼稚可笑，一点都不明白开放、妥协、灰度。”“我是在被生活所迫，人生路窄的时候创立华为的。那时，我已经领悟到，个人是历史长河中最渺小的，这是人生真谛。”“我后来明白，一个人不管如何努力，永远也赶不上时代的步伐，更何况是在知识爆炸的时代。”“在时代面前，我越来越不懂技术，越来越不懂财务，对管理半懂不懂，如果不能民主地善待团体，充分发挥各路英雄的作用，那么我将一事无成。”“我那时候被称为甩手掌柜，不是我甩手，而是我真的不知道如何去管。”“业界老说我神秘、伟大，其实我知道，自己名不副实。我不是为抬高自己而隐起来，而是因为害怕而低调。”“我的知识底蕴不够，也不够聪明，但我容得下优秀员工和我一起工作，与他们一起，我也被熏陶得优秀了。他们出类拔萃，夹着我前行，我又没什么退路，不得不被绑着、架着往前走，一不小心就让他们抬到了峨眉山顶。”

任正非曾在华为内部公开鼓励干部和员工向他“开炮”，帮他改正缺点，帮助他进步，并且把批判的结果放到华为心声社区，供全体员工观摩，这就是2018年“蓝军”在高研班组织批判任正非，最终形成的任正非的“十宗罪”。正是因为任正非胸怀宽广、清醒、不自满，勇于批判自我，感觉个体渺小而集体智慧无穷，才有了今天华为的伟大。在他的带领下，华为上上下下形成了低调、谦虚、不趾高气扬的文化氛围，从而使企业不断前进。

任正非的“十宗罪”

- 任总的人力资源哲学思想是世界级创新，但有的时候指导过深、过细、过急，人力资源管理体系的执行过于机械化、僵硬化、运动化，专业力量没有得到发挥。
- 不要过早否定新的事物，对新事物要抱有开放的心态，让子弹先飞一会儿。
- 工资、补贴、奖金、长期激励等价值分配机制需要系统梳理和思考。
- 不能把中庸之道用到极致，灰度、灰度、再灰度，妥协、妥协、再妥协。
- 干部管理要在风险和效率上追求平衡。
- 要重视专家，强化专家的价值。
- 反思海外经历适用的职务范围的问题。

- 不能基于汇报内容、汇报好坏来否定或肯定汇报人员。
- 任总的很多管理思想、管理要求只适用于运营商业务，不能适用于其他业务。
- 战略预备队本来是“中央党校”，但由于实际运作、执行问题，结果变成了“五七干校”。

把自我批判作为公司的核心价值观和企业文化

华为的企业文化是：以客户为中心，以奋斗者为本，长期艰苦奋斗，坚持自我批判。自我批判是华为最核心的价值观之一，与作为华为生存之本的以客户为中心，以及作为华为发动机的以奋斗者为本同等重要。华为以公司纲领性文件对自我批判进行规定，主要有几个方面的考虑：

自我批判非常重要

能够以客户为中心，以奋斗者为本，长期艰苦奋斗的必要条件之一是要自我批判，没有自我批判，就做不到以上几点。长期坚持自我批判，能够避免干部和员工的傲慢、偏见、狂妄、目光短浅和自大，才能听到客户的声音，人的本性是以自我为中心，没有自我批判，就无法做到以客户为中心。同样，个体会自然走向懒惰，没有自我批判，个体就不会奋斗，没有组织的自我批判，就不会有群体的奋斗。因此，自我批判是华为的核心价值观之一，与前面三条形成一个整体，是保障性条件。另外，自我批判也是企业和个人不断成长、不断蜕变的前提条件，华为要生存，要不断发展和壮大，干部和员工要成长，能力和绩效要跟得上企业的发展需要，这些都需要自我批判。因此，华为把自我批判作为核心价值观，作为约束全体干部、员工的规范。

这是华为长期战斗的宝贵经验，被证明是成功的实践

华为从小到大，由弱到强的发展史就是一部自我批判、自我革新史。华为从个人英雄到群体英雄，从游击队、杂牌军到正规军，从草莽英雄到知识分子，从国内的小公司到跨国企业集团，靠的是不断的自我批判和自我革新。早年华为规模很小，让个人英雄打山头是很有必要的，是维持公司生存的有力保证，个人英雄立下汗马功劳。但随着公司业务的不断扩大，山头主义、个人英雄主义逐渐成为公司发展的阻碍，仅靠个人英雄，成不了正规军。后来，市场部集体辞职，竞聘上岗，把懂管理、有格局、能够适应未来竞争的人提拔上来，把不合格的领导淘汰或使其转岗，是自我批判的最好体现。另外，1997 年，华为开始向西方公司学习管理，全公司启动了大范围的组织管理变革，请国际顶尖公司为华为做管理咨询，先后启动了集成产品开发系统变革、集成供应链变革、集成财经变革、从线索到现金变革等多个端到端的流程组织变革，为华为从中型企业发展为跨国企业打下了坚实的基础。可以说，没有管理变革，就没有华为的今天。为什么要进行管理变革？因为之前的管理体系已经无法适应企业发展需要，企业需要自我批判，学习先进经验。华为每一个重要的节点都是自我批判、自我蜕变的过程。这也是华为的厉害之处，很多企业迈不出自我批评、自我革新这一步，没有胆量正视自己的痼疾，害怕揭开伤疤或刺破脓包时的阵痛，如此就做不大。

要做到自我批判并不容易

组织的自我满足和懈怠，个人的自我满足和懈怠都是熵增的过程，

组织和个人都会自然地走向自我满足，而不是自我批判。因此，自我批判是逆人性的，是逆势做功的另一个水泵，能够让人充满活力和新的能量。做到自我批判不那么容易，需要外力干预，即需要纲领性文件的约束。中国是一个人情社会，没有西方那么理性，我们习惯于说一些善意的谎言，别人不会轻易批评你，不会帮你指出缺点和错误，这就更需要自我批判、自我总结和反省。对于一个企业来说，有时候自我批判不是简单的自我批评，自我革新不仅需要巨大的勇气，还需要智慧并付出代价。企业的自我批判有时候是断臂求生，会付出巨大的代价，遭受难以估量的损失，这样的自我批判更不容易做到，但是企业如果做不到自我批判，就会“死亡”。自我批判还需要总结、反省和概括，找出答案，吃一堑长一智。自我批判是一种能力，企业要具备这种能力也不容易。

大多数人的内心都是喜欢被奉承，喜欢被赞美的。这样的现象在企业家身上也很常见。有能力的员工往往希望成就一番事业，希望公司发展得更好，会站在公司发展角度提出很多改进建议，但这样的行为不是每个公司管理层都认可的，很多老板更愿意被歌颂和赞美，而不是被提意见和挑刺。我接触过的一家中型企业的老板就是这样，他听不进下属的忠言，甚至认为提意见的下属过于挑剔，难管理。有能力的管理者因为看不到公司未来发展的希望，纷纷离职，剩下一些唯唯诺诺的管理者，不敢对老板说半个不字，久而久之，公司已经听不到反对的声音，听不到批判性的建议，很多管理者甚至不动脑，老板说什么就照做。公司表面一团和气，却从此开始没落，最终在生死线上苦苦挣扎。究其原因，是该企业老板没有自我批判的勇气和能力，不能自我革新，丧失了学习和进步的动力，企业必然会走向衰落。

全方位、多维度的自我批判

华为的自我批判是全方位的，从历史到现实，从创新、市场到管理，从高层、中层到普通员工……总之，对于不对的、需要反省和总结的，就要自我批判。自我批判是华为持续进步的超级武器。

历史的维度

从历史的维度强调华为作为科技公司，不能躺在过去的成绩上炫耀，因为科技日新月异，过去的成绩不值得歌颂，不值得沾沾自喜。华为没有历史博物馆，没有公司从小做到大的历史图片展，没有金光闪闪的勋章墙，也没有任正非的艰苦奋斗史，华为的展厅只有现在和未来。这体现了华为自我批判的态度，不沉浸在过去，时刻不忘自我批判。

现实的维度

从现实的维度进行自我批判，几乎每天都在发生。在华为心声社区、《华为人报》、《管理优化报》，几乎每天都有文章或帖子指出公司业务和管理上的问题，它们相当于华为公司的曝光台。华为内部的发文，也会涉及自我批判。在华为这么大的公司，内耗、互相推诿、“部门墙”现象也很严重，员工怨气也很深，当工作无法推进时，就可能会上升到公司层面或者直接被曝光，批判的目的是改进当下工作，对事不对人。另外，还有优化建议，从现实或未来的角度审视现在的工作是否有效，是否需要改进等。

创新的角度

华为在技术创新上走过很多弯路，内部对创新的批判之声不绝于耳。例如，华为强调不要唯技术论，要做工程商人，要领先半步，要包容失败，研发的成本太大，不要过分狭隘地提倡自主创新，包括后来的集成产品开发系统变革，本质上就是对过去技术创新犯的错进行批判，实事求是，基于实践进行总结和反省。

1998 年，华为举行了一个很奇特的颁奖仪式。之前，研发人员不认真，在研发过程中存在很大的浪费，产生上亿的呆滞物料。为了让研发人员牢记“从对科研成果负责转变为对产品负责”，1998 年年末，华为将库房里的呆滞物料打包，给每名研发人员发一包作奖品。这是就自我批判对全体员工进行的一次培训和教育。

市场的角度

对市场的批判也是如此。华为强调要聆听客户意见，理解客户需求，解决客户痛点，在客户面前永远保持谦逊，要让客户满意，把客户放在第一位。在很多公司，常常会出现不以客户为中心的做法，公司以自我为中心，教育客户，说服客户遵从自己的意图，在发展壮大之后对客户不再谦逊，不再把客户的事放在第一位，不再提供优质的服务等。“马电事件”并不是孤立的，在华为，这样的情况也不少。试想下，如果没有自我批判，如何做到坚持以客户为中心？以客户为中心岂不是一句空话？因此，自我批判值得年年提，月月讲，时时念。

管理的角度

在华为，对管理的批评声相当刺耳。“不要犯管理的幼稚病”；“管理要聚焦于多打粮食和增加土壤肥力”；“管理要简单、有效”；“管理要理解业务，支持一线”；“坚决反对管理的完美主义”；“坚决反对琐碎哲学”；“反对形而上学，不实事求是”；“反对没有业务实践经验的人参与变革”；“管理变革的关键是落地”；“开放、妥协、灰度”；“管理要抓主要矛盾和矛盾的主要方面”；“管理要聚焦于流程化的组织建设”；“华为最大的浪费是经验的浪费”；等等，都是在批判公司管理的不良做法。具体到各个部门，也有不少批判的声音。例如，对人力资源管理的批判有，人力资源管控过度，权力过于中心化等；对财务工作的批判有，财务人员必须懂业务等；对法务工作的批判有，“救火”打官司不是主要目标，重要的是做好“防火”建设等；对流程与 IT 工作的批判有，不产粮食的流程是多余流程，多余流程会创造出复杂性，要逐步简化等；对审计工作的批判有，不能非友即敌，在“友”和“敌”之间还有很多层次，除“恶”不一定要务尽等。

干部的角度

华为对干部的要求是非常高的，对干部的批判自然也多。

“他们事事请示，僵化地执行领导讲话，生怕丢了自己的乌纱帽，成为对事负责制的障碍”；“明哲保身的人，该淘汰就淘汰”；“我们的干部要聚焦在工作上，这是一句十分沉重的话。现在有些干部对如何消遣、如何享受很有研究，在队伍中滋生了一种不好的风气”；“我们要裁掉一些干部，有些干部确实也没有水平，整天开会。为什么整天开会？因为主管无能，拿不定主意”；“我们的腐败最主要的表现就是懈怠”；“没有风险意识、处处斤斤计较的人，受不了委屈的人，当然不能成为干部”；“干部缺乏责任心、敬业精神，懈怠，都是从自私自利开始的。华为要生存下去，干部就永远不能懈怠，永远不能腐败”。

员工的角度

公司对员工进行批判是希望员工努力奋斗，做出贡献。

“公司对员工的评价是现实的，不在于你的理想有多大，而在于你的实际贡献有多大”；“公司给员工的报酬是以员工贡献大小和持续做出贡献的任职能力为依据的，不会因为员工的学历、工龄和职称以及内部公关做得好支付任何报酬”；“员工在华为改变命运的方法只有两个，一是努力奋斗；二是做出优异的贡献”；“必须提高效率，不要为加班而加班，不要搞形式主义”；“真正、绝对的公平是没有的，你不能对这方面期待太高”。

华为的自我批判是多维度、多角度的，在此不再一一列举。华为希望广大干部、员工在自我批判中不断成长、历练，以更好地促进业务发展。

组织、机制和平台建设保障自我批判的实施

如果没有组织和机制保障，自我批判就很难落实。在组织和机制上，华为主要进行了以下几个方面的设计：

员工自我批判委员会

华为的员工自我批判委员会成立于2006年，在各业务体系下设分

委会。公司层面对此委员会给予足够重视，任正非等主要高层领导是员工自我批判委员会的顾问。该委员会的职责是对公司自我批判的制度建设、自我批判的有效实施及监督提供方向指引和政策指导并组织实施等。

道德遵从委员会

华为的道德遵从委员会成立于2014年，是真实运作的，下设实体机构，华为在全球设立100多个道德遵从办公室。道德遵从委员会的职责主要是监督业务是否合规，即监督、监察公司内部和外部的道德遵从是否合规，包括精神文明建设、文化遵守、干部的自律与监督等。道德遵从委员会也与自我批判密切相关，例如，公司民主生活会的组织等。任正非曾说："道德遵从委员会虽然是一个自下而上产生的组织，但也是一个目标明确的组织，我们的目标是'多产粮食，增加土壤肥力'。道德遵从委员会不是一个政治组织，无论在国内还是国外，都不要去过问政治。我们是理工科出身，不懂政治，不要从互联网听来一星半点的内容，一知半解，就去指点江山、激扬文字，可能会误导社会。我们要求内外合规，不允许任何人在国内、国外参与非法活动。"

红蓝军对抗

红军、蓝军是军事用语。红军代表正面部队，蓝军代表假想敌部队，专门模拟对抗红军。在华为，蓝军的使命就是否定红军，否定华为，是专门的以批判公司为使命，帮助公司不断进步和优化的组织。任正非曾在讲话中提道，"一定要把华为的优势去掉，去掉优势就是更大的优势"；"你都不知道如何打败华为，说明你已经到天花板了"。华为在战略管理部门下设红军部、蓝军部，蓝军部成立于2006年，华为内部对其职责的定义为：从不同的视角观察公司的战略与技术发展，进行逆向思维，审视、论证红军战略、产品、解决方案的漏洞或问题；模拟对手的策略，指出红军的漏洞或问题；建立红蓝军的对抗体制和运作平台，在公司高层团队的组织下，采用辩论、模拟实践、战术推演等方式，对当前的战略思想进行反向分析和批判性辩论，在技术层面寻求差异化的颠覆性技术和产品。简单地说，蓝军主要是作为红军的补充，查漏补缺，从更多维度、角度提供策略和方案供决策层参考，帮助公司更好地决策。

蓝军是华为自我批判的有力抓手。例如，当年我还在华为工作的时候，公司有意出售终端业务，对此，大部分员工是赞成的，主要是因为那时候的终端业务不赚钱，而且将终端业务卖了之后，公司有更多利润，股票分红自然就多了。当时蓝军提出反对意见，主要是考虑到未来智能手机的普及，终端业务是触达消费者的，非常重要。当年决策层到底参考了多少蓝军的意见，我们不得而知，但最后终端业务没有被卖掉。这其中有很多影响因素，包括运气，但蓝军至少起到提示反向思考的作用。

民主生活会

民主生活会是华为开展批评与自我批评的一种组织形式。民主生活会是公司的整体安排，每年都会举办，具体由公司道德遵从委员会布置，人力资源部与道德遵从办公室实施和监督。民主生活会由各部门一把手负责，各部门人力资源负责人是组织责任人，道德遵从办公室负责监督。民主生活会分为对组织的批判和个人自我批判两个部分。高级干部带头进行自我批判，与会人员还要对领导提出意见和建议。民主生活会规定对事不对人，治“病”救人，对提意见的人不能打击报复，强调一针见血，不能打预防针、不痛不痒，要讲真话，要切实地把问题讲清楚，有利于组织和个人工作的开展和改进。比如，评价领导不能用“领导的缺点就是太认真了，不爱惜身体”等，这是通不过的。不能把民主生活会开成表彰会。

自我批判大会

华为有表彰大会，也有自我批判大会，目的是以大会的形式和影响力促使相关部门改进工作，教育全体员工引以为戒。例如，将呆滞物料作为奖品颁发给研发人员，就是典型的批判大会。另外，表彰大会的主题和实际内容不一定相符，任正非善于自我批判，不会一味地表扬，华为会抓住每一次机会进行自我批判，总结过去是为了更好地把握当下，展望未来。

2011 年 4 月 24 日，任正非在华为运作与交付体系奋斗表彰大会的讲话中提道：“深淘滩，低作堰，是李冰父子两千多年前留给我们的深刻管理理念。同时代的巴比伦空中花园和罗马水渠、浴场已荡然无存，而都江堰仍然在造福于成都平原，为什么？李冰留下的‘深淘滩，低作堰’的治堰准则，是都江堰长盛不衰的主要‘诀窍’。其中蕴含的智慧和道理远远超过治水本身。华为公司若想长存，这些准则也是适用于我们的。深淘滩就是不断地挖掘内部潜力，降低运作成本，为客户提供更有价值的服务。客户决不会为你的光鲜及高额福利，多付出一分钱。我们的任何渴望，只能通过努力工作获得，别指望天上掉馅饼。公司短期的不理智的福利政策，就是饮鸩止渴。低作堰，就是节制自己的贪欲，自己留存的利润低一些，让给客户的利多一些，并善待上游供应商。将来的竞争就是一条产业链与一条产业链的竞争。从上游到下游的产业链的整体强健，就是华为的生存之本。物竞天择，适者生存。”“我们从一家小公司脱胎而来，小公司的习气还残留在我们身上。我们的员工也受到公司早期习惯的影响，自己的思维与操作还不能完全职业化，这都是我们优化管理的阻力。什么是职业化？就是在同一时间、同样的条件下，做同样的事所用的成本更低，这就是职业化。但在市场竞争中，如果对手优化，而你不优化，那么留给你的就是‘死亡’。思科在创新上的能力，爱立信的内部管理水平，我们现在还远远赶不上。我们要缩短这些差距，就必须持续地改善我们的管理，如果不缩小差距，客户就会抛弃我们。”很明显，运作与交付体系奋斗表彰大会，更像是一个自我批判大会，任正非字里行间谈的仍然是差距，是如何学习先进经验，是如何进步。

自我批判的平台

在华为，帮助公司改进管理的平台和方式有很多，个人也可以在主要平台上发言或撰稿。

华为有心声社区、《华为人报》、《管理优化报》几个平台，鼓励员工讲真话。例如，在心声社区，员工可以提反对意见，甚至发牢骚、骂公司，公司认为骂公司的员工不一定是坏员工，但华为也强调不要牢骚过盛，要客观公正，实事求是。例如，马电事件的前因后果就被刊登在《华为人报》上。《一次付款的艰难旅程》是一篇投诉财务审批烦琐的文章，最先在心声社区广为流传，在任正非狠批财务部门不作为后又被发表在《管理优化报》上。

自我批判的价值和影响

30年来，华为总结了四句话：在摸着石头过河中探索，在自我批判中进步，在自我优化中成长，在顶层设计中卓越。确实如此，华为高度重视自我批判，无论是核心价值观的约定、组织机制的保证，还是提供自我批判的各种平台等，都是为了使自我批判文化落地，使之为公司全体员工的自我规范提供良好的土壤。正因为不断进行自我批判，华为这么多年从未停歇过，激发了组织活力，保持了高速增长。没有自我批判，就没有华为的今天。

第九章
管好干部，激发管理层活力

组织成功与否的决定因素并不是大众，而是关键少数。企业里面的关键少数就是干部。管好干部，给足动力和压力，是华为干部管理的关键抓手。

华为一直都非常重视干部管理。在华为，在很长一段时间内，各业务体系的人力资源部被叫作干部部。如今，华为新设立总干部部，主要负责干部管理，从人力资源管理体系中分离出来，成为与公司人力资源部平行的部门。干部对一个公司的重要性不言而喻。毛主席曾说："指导伟大的革命，要有伟大的党，要有许多最好的干部……我们革命需要好干部。"[①] 斯大林说过："干部决定一切。"[②] 任正非对干部管理的重视非同一般，他曾说："华为公司20多年的成功秘诀就是管好干部，分好钱。"从熵增定律中我们发现，如果没有外力的作用，干部会自然地走向安逸、舒适、明哲保身、腐化、堕落、懈怠。这对一个组织、一个企业的危害是致命的，若干部不奋斗，如何指望和要求员工奋斗？若干部不身先士卒，如何指望员工迎着炮火冲在一线？若干部不以客户为中心，贪图享乐，如何指望员工处处为客户着想，做好客户服务……因此，干部管理是组织管理的关键抓手，怎么强调其重要性都不为过。

在华为，人们有个很深的印象：华为的干部不好当。干部的工作压力极大，要带领团队完成目标和任务，还要能驾驭一群如狼似虎的下属；要上下、周边、内外统筹，获取各种有利于目标达成的资源，包括人力、财力、物力，也包括软性的资源，如上级的支持、下属的全力以

① 《毛泽东文集》第二卷，第254页，人民出版社，1991年版。

② 参见斯大林于1935年5月4日在克里姆林宫举行的红军学院学员毕业典礼上的讲话。

赴、周边的配合、内外的协调统一等；要参与内部的会议、汇报、沟通，临时性的、突发性的、紧急的事情也非常多；干部还要在组织内部排序，业绩差、绩效差的干部会被淘汰；要不断学习，跟得上业务需要；要能艰苦奋斗，可以随时赴艰苦地区工作；要传承并践行企业文化和价值观，始终与公司保持一致；要身先士卒，冲锋陷阵……华为对干部在领导力、抗压能力、协调能力、人际理解能力、学习能力等方面的要求非常高，在人才济济的华为，要能服众，带领群雄，实属不易，容不得丝毫懈怠。因此，华为有些老员工宁愿做专家，也不愿意做干部，专家更多的是做专业方面的事情，相对单一，没那么复杂，不需要给下属打考核分、分利益、淘汰末位员工。但这恰恰说明华为的干部管理做得好，如果一个公司的干部不忙、不累、没有压力、无所事事，那么这个公司可能正在走向“灭亡”。

主将无能，累死三军。长平之战中，赵国统帅赵括虽然熟读兵书，但夸夸其谈，并无谋略，不懂变通，刚愎自用，结果被白起率领的秦军打得一败涂地，四五十万人被悉数斩杀或活埋，赵军几乎全军覆没。赵国统帅的无能，使数十万将士丢掉生命，致使国家处于危难，可见将帅的重要性。一家企业也是一样，若干部不行，也会累死三军，丢失客户，甚至威胁到企业的生存，企业要打胜仗，干部是关键，无能之辈只会害了员工，害了公司。

2018 年，任正非在华为四季度工作会议上讲道：“第一，优化干部晋升制，坚持淘汰制。在主官、主管类干部管理机制上，我们要加强对责任结果的考核，贯彻淘汰机制，高级干部要服从公司安排，不能自己设计人生；允许中基层干部发挥个人聪明才智，找到自己的突破口；行政干部升官快、拿钱多，但是被淘汰的风险也大。我们的末位淘汰制应集中在主官、主管上。我们公司大多数员工都受过高等教育，谁不能当“将军”？我们不允许有庸官，兵熊熊一个，将熊熊一窝。”

“我们的干部选拔要以李云龙、赵刚为标杆。各级主官均要从‘主战部队’中的‘主战人员’中选拔，要有战功、有持续贡献能力、有自我约束的本事。直至以后的轮值董事长、接班人，也均从主战人员中成长出来。我们不是上市公司，上市公司关心财务报表，因此有 CFO 接班的可能，但我们公司不会。担负保障和协调任务的干部，走‘赵刚’路线，和平时期多担责，战时司令员说了算。我们在管理中也如此，主官有垂直到底的管理协调权。支持进行保障与协调的干部用纬线的协调机制，确保主官的意志可以实现。”

一个组织有无活力和战斗力，首要因素在于干部。干部是保障组织活力的关键。干部如果不能被很好地管理，就会堕落、腐败、懒政、安逸，影响整个组织，这样的组织无法获胜。客观地说，华为对干部的管理在业界首屈一指，非常成功，有自身完整的体系和运转机制，极大地激发了干部队伍的活力，从而带动了整个公司的群体奋斗，其中活力的源泉就是任正非。华为之所以能使干部队伍保持活力和战斗力，我认为主要在于压力和动力两个方面，压力是指华为通过目标的牵引、干部的责任、干部的选拔和任用、干部的淘汰等让干部在压力中前进和成长；动力是指华为通过事业平台、薪酬激励、股权激励等让干部有好的平台和报酬，激发他们努力工作。具体来说，华为在干部的评价、培养、选拔、任用、考核和监督闭环中做得很到位，让干部队伍能够聚焦于工作，放下杂念，从而激发整个组织的活力和战斗力。

什么样的人可以当干部

华为对干部的要求是比较多的，既有经验上的要求，也有能力上的要求；既有业绩上的要求，也有团队管理上的要求；既有文化、价值观上的要求，也有具体行为准则上的要求。

有成功业务经验和实践的人

华为的干部一定要有业务实战经验，有一线经验，不熟悉业务或没有一线经验，纸上谈兵，没打过胜仗的人，在华为很难被选拔为干部，更不可能成为中高级干部。这就是华为强调的宰相必取于州部，猛将必发于卒伍。没有业务经验和一线经验的人容易瞎指挥，空谈管理，或者一味地通过会议来管理；没有成功业务实践的人，很难总结出成功的方法论，也不太可能带领团队走向成功。另外，没有业务实战经验和一线成功经验的人，不懂客户，不能从客户的角度出发来理解管理。一般来说，做出成绩的团队、有成功实践的团队往往也是出人才的团队，其中总有些好苗子是可以被培养成干部的。

打过大仗、恶仗、苦仗的人

华为认为，大仗、恶仗、苦仗是能出干部的。大仗、恶仗和苦仗的核心都是艰难，能够攻坚克难的人，其自身的毅力、能力、坚韧性都是足够的。另外，领导干部不仅仅要有知识，有知识的人太多了，但不一定能成为领导干部。领导干部有时候要坚忍不拔，吃苦耐劳，在黑暗中摸索前进，要有干劲、狠劲，这些在打过恶仗、大仗、苦仗的人身上更容易看到。

任正非非常欣赏德国军事家克劳塞维茨写的《战争论》，其中这样写道："什么叫领袖？要在茫茫的黑暗中，把自己的心拿出来燃烧，发出生命的微光，带领队伍走向胜利。战争打到一塌糊涂的时候，将领的作用是什么？就是用自己发出的微光，带领队伍前进。"这正是干部要从打过大仗、恶仗、苦仗的人中选拔的原因，只有坚忍不拔的干部才能在"战争"打到一塌糊涂的时候，发出微光，带领队伍前进。

认可并践行企业文化的人

企业文化是公司安身立命之本，不认可华为的企业文化的人是不可能被提拔为干部的。干部承担着对企业文化和价值观的传承，这种传承不是说教，更多是身体力行，身体力行的前提条件是干部对企业文化高度认同，如此才能自觉或不自觉地贯彻公司的核心价值观。一个企业的文化与核心价值观是不能错乱、相互冲突的，必须统一思想，如此才能统一认识，统一步调。有些公司认为企业文化比较虚，不实用，那只能说明这些公司不清楚企业生存的核心是什么，一家公司若没有核心价值观和企业文化，就很难长久，很难应对危机。如果干部对企业文化的认识不统一，就容易产生矛盾，将两个世界观不同的人放在一起，是很难的。

华为对干部使命与责任有相关规定，其中第一条是：干部要担负起企业文化和价值观传承的责任。因为这是公司的生存之本，活力之源。然而，部分公司不会把企业文化和价值观的传承作为干部的主要职责，在很多公司，完成业绩目标是排在第一位的，认为企业文化和价值观是比较虚的，不那么重要。事实正好相反，只有干部把企业文化和价值观传承下去，公司才能长久生存。

前段时间，有一位企业家朋友问我："为什么华为员工这么听话？公司让做什么就做什么？我们的员工很难管理，制定的目标总是很难达成，也不怎么加班，每天上班就是完成任务。"我回答说："原因有很多，其中一个原因是你们公司对员工的培训、培养不够。"对此，他不赞同，表示："我们很重视对员工的培训、培养，各种培训也不少，就是没有什么效果，这是为什么？"后来在继续交流中我们找到了答案：这位企业家朋友的公司对员工的培训、培养主要集中在岗位技能、专业知识上，对企业文化、公司的核心价值观很少涉及。这也是很多企业的通病。一家企业培训工作的重要任务是关于企业文化与核心价值观的培训，企业文化和价值观是公司的纲领，是公司赖以生存的根本，是企业安身立命的依托。只有员工充分认同公司的企业文化与价值观，能力、岗位技能、工作绩效的提升才能落到实处，才能事半功倍。只有统一了思想，提升业务技能才能变得简单和高效，在这个方面，很多企业是本末倒置的。

华为在这个方面做得很好，"以客户为中心，以奋斗者为本，长期艰苦奋斗，坚持自我批判"的企业文化深入人心，公司通过各种办法不断强化员工对企业文化的理解、认同和坚持。设想一下，员工若认同了以客户为中心，是不是就有了明确的服务目标？若认同了以奋斗者为本，谁还会偷懒？即便有个别员工想偷奸耍滑，但在强大的企业文化面前，要么选择离开，要么被这种强大的势能裹挟前行。正如任正非所说的，一辈子的假积极，就是真积极。若员工充分认同了以奋斗者为本的思想，那你还怕员工不思进取，岗位技能得不到提升吗？还怕他业绩做不好吗？思想上的统一、理念上的高度认同、企业文化与核心价值观的广泛普及才是一家企业进行培训的最重要的方向和目标。当然，这里面的企业文化与核心价值观的培养也包括与之相适应的工作态度、工作方法的培训、培养。例如，要成为奋斗者，就必然要对目标负责、对结果负责，所以对目标负责、对结果负责也是企业文化与核心价值观衍生出的理念。另外，我们研究员工成长的根本原因发现，人往往是先有态度，后有能力。一个人的工作业绩突出是因为这个人更努力，更勤勉，更愿意主动思考，先有了态度，才会有能力和好的结果。因此，从这个意义上讲，对员工进行企业文化和价值观的教育非常有必要。

关键时刻能挺身而出的人

什么是关键时刻？企业处在关键节点，面临危急时刻，遭遇重大的内外部事件等，都是关键时刻。应对危机，攻陷关键堡垒，担负重大攻关等，在关键时刻能够挺身而出，担起责任，做出突出贡献的员工更容易被提拔为干部。关键时刻是检验员工忠诚度，检验员工是否认同和遵守公司的企业文化与核心价值观，检验员工是否履行岗位职责及具备应变能力，检验员工能否对抗压力和承担重大责任的好时候。因此，关键时刻挺身而出的员工是可堪重任的。

企业经历危机是早晚的事情。每当企业面临危局，总有人逃离，有人背叛，有人彷徨，有人哀怨时运不济，也会有人坚定地站出来，承担责任，负重前行。华为的业务遍布全球，危机无处不在，当面临重大客户攻关、战争风险、地震灾害、台风袭扰、瘟疫肆虐、海啸突袭、火山喷发等危险时刻，总有干部和员工站出来，解决问题，为客户提供准确及时的通信服务。

2011 年 3 月 11 日，日本发生里氏 9.0 级地震，导致日本福岛第一核电站发生核泄漏。3 月 13 日，共计 21 万人紧急撤离到安全地带。通信设备作为基础设施，如果中断，不利于救灾，在其他运营商纷纷撤离之际，华为选择坚守，与日本人民共患难，部分员工选择了留守，帮助灾区恢复通信。为了表达对一线作战员工的支持，公司董事长孙亚芳在灾难发生后不久前往日本慰问公司员工，同行的还有公司的其他高层领导。其中，有一位领导考虑到核泄漏事故的严重性及自身安全，未能按照公司要求，前往日本。公司迅速做出反应，不久即发布人事任免文件，免去了该领导的一切管理职务，降为普通员工，从此以后，再不给予提拔和任用。从个人角度来讲，考虑到核泄漏对人体的危害，拒绝前往日本有其合理性。从组织角度来讲，公司的文化和价值观不允许高级干部在危急时刻、关键时刻退缩。这样的干部是不合格的，是要被淘汰的。

绩效长期优秀的人

华为在提拔干部的时候，重点看员工的绩效。绩效不优秀的人，与干部职位无缘，绩效优秀是员工被提拔为干部的前提。绩效长期优秀的员工更容易得到提拔，绩效考核既是绝对考核，又是相对考核，一个绩效长期优秀的人，一定是工作目标完成得好的人，同时也是在群体当中出类拔萃的人。既能很好地达成目标，又能超越群雄，结果已经证明其自身的优秀。不提拔这样的人为干部，提拔什么人？在华为能保持长期优秀的人，一定是奋斗者，因为大家都很努力，都在为更好的工作结果而奋斗，想轻轻松松就保持优秀是非常困难的。

有全局意识和大我精神的人

华为强调干部要有大局观，高层干部要有使命感，一线作战领域的主官要有决断力。我们很难想象，一个心胸狭窄、锱铢必较、优柔寡断的人，能够当好干部，尤其是高层干部、经营单元的主官。干部要把身上的能量和智慧，化为整个团队的引路之灯和活力之源；能以大我的精神，包容一时一地的得失，尤其要能在关键困难时刻，保持冷静和理性，果断决策，为团队找到达成组织目标的方向和信心。

压力管理激活管理层

一个企业的干部和员工如果没有压力，那么这个企业一定会效率低下，人浮于事。根据熵增定律，组织会自然走向懈怠、流程僵化、创新乏力、保守；个人会自然走向安逸、懒惰、缺乏使命感、没有责任心。企业通过各种管理方式向干部队伍传递压力，就是在逆向做功，水泵的工作原理是，首先要有足够的压力，水才能往上走。在华为，干部的压力来自各个方面，有工作目标和业绩的压力，也有提升能力的压力；有外部客户的压力，也有内部竞争的压力；有工作态度的压力，也有工作监督和审计的压力；等等。

实现组织目标的压力

在华为，干部必须对责任结果和团队目标负责，要带领队伍攻下山头，要敢于争取胜利。完成目标是对干部最基本的要求。华为绩效管理体系完备，每年的绩效目标分配也很清楚，若目标无法完成，将直接影响整个团队的考核、奖金、配股、晋升、荣誉等，也会影响干部个人的利益，千方百计地完成目标是干部的重要使命。一个干部不能带领队伍打胜仗，团队的利益会因此受损，团队不可能被信任。干部本人也很有可能会被降级、降薪、处罚或淘汰。因此，所有干部都不能马虎，为了本人的荣誉和所带领的团队的福祉，必须全力以赴以达成目标。

组织活力必须通过胜利来激发。没有胜利，就不可能有组织活力。无论什么原因，什么环境，只有打胜仗才能服众，才能赢得尊重，干部和所带领的团队才能有容身之地。

来自客户的压力

公司是商业组织，有收入和利润才能维持，公司存在的价值是满足客户需求。作为干部，最重要的工作也是服务好客户。来自客户的压力无处不在：客户需要优质的产品，良好的服务，适合的解决方案，低价、领先于对手的技术，成熟的网络部署，准确及时的交付等。这些都会从客户界面传递给公司各级管理者，促使公司整体为了满足客户需求而奋斗，尤其是有的项目工作量大，周期短，客户要求高，风险高，这时候干部将面临来自客户的巨大压力。这种压力最终转化为公司群体奋斗的动力，激发了组织活力。也就是说，为了满足客户需要，各级干部需带领团队不断提供优质产品，提升技能，提升服务品质以及按时交付等。

末位淘汰的压力

华为规定，排名后 10% 的干部是要被淘汰的，每个组织都有末位淘汰的指标。华为员工的末位淘汰比例是后 5%，所以干部的末位淘汰比例更高。华为由于业务发展快，一直处于不断吸纳人才的阶段，员工 5% 的末位淘汰制有时候并没有被严格执行，但干部 10% 的末位淘汰制每年都被严格执行。排名后 10% 的干部并不一定没有完成绩效目标，即使完成了目标，也有可能被淘汰，因为干部的考核是相对考核，总有比你更优秀的干部。这样的安排有几个好处：一是对于干部来说是非常有压力的，干部会兢兢业业，生怕自己因努力不够而被淘汰，能够激发干部队伍努力奋斗。干部有了巨大的压力，自然要传递给员工，上上下下就会像一个活力引擎，拼命做功，加足马力往前开，从而能激活整个组织。二是对干部的淘汰有利于新鲜血液的加入，空出位置，让更有能力和担当的人补上。能者上庸者下，就是良性循环，可以让组织时刻保持活力。

事实上，干部能上能下、能进能出是华为干部管理的核心，是干部队伍的活力之源，也是华为区别于其他公司干部管理政策的主要方面。我经常看到，很多民营企业老板为干部管理犯愁，其中无外乎几个方面：一是很多公司的干部只要不犯大的错误，基本上可以高枕无忧，管理上给干部的压力是不够的。而一些中后台部门不容易出现重大错误，干部的位置就更加稳固，长此以往，不利于公司持续发展。二是由于人才激励机制不完善，人才梯队建设滞后，一些公司常常在困难时期面临无人可用的局面。在这种情况下，公司没有条件实施干部能上能下、能进能出的政策，即便知道某些干部不能胜任，也只能作罢，任由其发展。这本身已经说明公司管理存在很大的问题和漏洞，亟待改进。三是某些干部过于重要，重要到整个公司离开了这个干部就无法正常运转。因此，即便这个干部有问题，老板也只能忍气吞声，谁叫公司离不开他呢。这也是很大的管理问题，一方面是老板自己吓自己，认为离开某个人后公司就会垮掉，那这样的公司也维持不了多久。另外也说明公司管理太差，这样的人事安排已经把公司置于极度危险的境地，这样的问题迟早是要解决的，若任由其发展，公司必败。

管好团队的压力

要实现组织目标，确保不被淘汰，不能靠干部自己，必须依赖于团队的努力。因此，排好组织队形，制定合理的工作规范和流程，招募优秀的员工，给予员工更多的培训，提升员工个人能力，管理员工的绩效，制定合理的目标，提升组织的效率，抓住紧急重要的事情，身先士卒，感召和激励员工奋斗是干部必须要做的事情。如果不这么做，就完不成组织的绩效目标，就可能在竞争中落败。华为对干部的要求是必须带领团队实现组织目标，能激发团队的战斗力，用兵要狠，爱兵要切，干部要成为组织的发动机，激励组织成员共同奋斗。

> 解放军有句口号叫“首战用我，用我必胜”。铁军是打出来的，这些铁军既用兵狠，也爱兵切。每天夜里两三点，都要去查哨、查铺，看看有没有战士偷懒打瞌睡，也看看战士的被子有没有掉了的，掉了的话给盖上。这是管理战士，也是关心战士。严格管理是不带感情色彩的，但在生活中是可以有感情的，我们要加强这方面的共同认识，大家共同走到公司的共同事业上来。我们现在有些基层干部不会团结人，对下属冷冰冰的，这样，下属会跟着你冲锋吗？
>
> ——任正非在亚太地区部工作汇报会上的讲话，2006 年

提升能力的压力

当好干部要具备很强的能力。华为在云、管、端各条战线上进行全

球规划布局，业务高速发展，产品品类日趋庞杂，快速更迭，干部不仅要面对现岗位工作要求的变化，还可能随时面对因为调动而带来的工作职责和业务场景的巨大变化。要带领员工不断取得胜利，干部不主动提升自身的能力，不与时俱进，不善于学习是不行的。作为一名高级干部，需要不断提升对业务的理解能力、对技术和行业趋势的洞察能力、对管理的理解能力。华为强调干部“之”字形发展，就是为了提升干部的综合能力，拓展干部面对各类业务场景的视角，提升干部对各种业务的理解能力。干部要想持续胜任工作岗位，取得好绩效，不断晋升，就要不断学习，加强自身的能力建设。华为干部能力词典如表9-1所示。

表9-1　华为干部能力词典

能力项		内涵
决断力	战略思维	洞察市场、商业和技术规律，抓住主要矛盾和矛盾的主要方面
	战略风险承担	在风险可控范围内，敢于决策和担责，抓住机会，勇于开拓
执行力	责任结果导向	面向责任结果，有强烈的目标感，有计划、有策略、有监控，在问题和障碍面前不放弃，不断挑战并超越自我
	激励与发展团队	激发团队斗志，能够帮助他人成长，对人才充满热情
	组织能力建设	通过流程建设（一致性）、方向建设（有效性）和资源建设（可持续性），将能力建构在组织上
理解力	系统性思维	具备全面的业务视野和清晰的逻辑框架，能识别整体和局部之间的关系，以及业务变化规律
	妥协、灰度	避免“非黑即白”地处理问题，在对方向和原则有正确认识的情况下，顾全大局，合理退让，寻求“迂回中的前进”
与人连接力	建立客户与伙伴关系	始终保持谦逊的态度，积极探索，及时响应，牵引、满足客户与伙伴的需求，建立基于信任的双赢关系
	协作影响力	能够协同配合他人，超越局部利益，服务于更高的共同目标
	跨文化融合	认识和尊重文化差异，积极融合不同文化，求同存异，让有不同文化背景的人成为同路人
辅助能力	学习能力	在快速发展和变化的环境中，持续保持好奇心，能够快速掌握新的知识与理论，不断提升自我

公司的高层干部要多仰望星空，多思考公司的战略方向。高级干部不仅要具备业务洞察能力、决定力，还要强调视野、见识、知识。爱因斯坦曾对周有光说过一句话：“人生的差异在业余。”比如，三星电子的CEO，一年中有半年时间到世界各地与别人交流、沟通，通过战略洞察，确定三星的战略方向。在战略洞察能力上，我们与三星还有一定差距。我们的确做出了成绩，但仍处在低层次的追赶之中，战略布局还不够。例如，采购现在是以深圳为中心，具有以中国人为中心的甲方心态。为什么不在采购集中地建立能力中心，为什么不用当地人？我认为，我们不要求基层干部做战略布局，但我们的高级干部要抬头仰望星空，看一看这个世界，否则容易迷失方向，走错方向可能会拖垮整个公司。

——任正非在人力资源管理纲要2.0沟通会上的讲话，2017年

长期艰苦奋斗的压力

华为对干部的要求之一是要长期艰苦奋斗，这也是华为的核心价值观之一，干部必须无条件服从。工作多年、奋斗多年的干部是不是可以歇一歇，做一些节奏没那么快、压力没那么大的工作呢？在华为，这是不可能的，要想歇一歇，就得选择退休或离开，给渴望冲锋的人腾出位子。只要在华为一天，就必须保持作战队形，随时准备冲锋陷阵。要长期艰苦奋斗，这是企业生存的需要。竞争环境从来不会因为企业内部想歇一歇，就会有所改善，客户不会为公司的低效率和安逸买单。长期艰苦奋斗，既是要求，也是压力，说起来容易，做起来难。要做到长期艰苦奋斗，干部必须做到以下几点：一是坚持思想上的艰苦奋斗，永远在

积极主动地思考如何改进工作，如何满足客户需求；二是身体力行，为满足客户需求和达成工作目标，身先士卒，带头奋斗，持续保持工作的干劲；三是随时等待组织召唤，去业务一线，去艰苦地区打大仗、恶仗、苦仗；四是危急时刻能够挺身而出，不畏艰险。例如，日本地震造成核泄漏，公司为满足客户需求需要有人坚守，干部能否做到？五是长期面临较大的工作量和工作压力，在工作和家庭之间维持平衡。很多时候不是平衡，是牺牲。例如，华为有很多 40 岁以上的干部仍然长年奋战在海外一线或艰苦地区，与家人聚少离多，长期面临恶劣的工作环境，这是难能可贵的，是深度理解并认同华为企业文化的体现。正是有很多人的奋斗和牺牲，华为才有了今天的成功。

我原来在华为的一位同事，目前担任某代表处 CFO。自我认识他开始，他没在国内上过班（出差不算），先后转战非洲、北美、亚太地区，在很多国家工作过，一直都在被外派，被外派年限超过 12 年。他在工作上兢兢业业，勤勤恳恳，任劳任怨。他原来负责预算与经营分析工作，涉及地区部、代表处最核心的经营指标计算、预算和财务分析，每当临近季报、半年报、年报出报表或者年度预算的时候，工作量特别大，经常需要熬夜才能完成统计、分析等相关工作。而且，对于这个工作，上上下下都很关心，这是阶段性的成果输出，关系到地区部、代表处代表及全地区部成员的考核激励，所以不能出一点差错。工作量大、时间紧、干系重大，其艰难程度和工作量可想而知。难能可贵的是，他十几年如一日，经常性地加班、被外派，毫无怨言，始终坚持奋斗，长期艰苦奋斗。这样敬业地工作，持续不断地漂泊海外，除了华为的干部和员工，很少有其他公司的干部和员工能够做到。这说明华为对干部的管理是到位的，对干部的要求是非常高的。当然，这位同事也获得很多荣誉和可观的薪酬激励。更重要的是，这并不是个案，对于华为的干部和员工来说，工作是自己的神圣使命，在奋斗中成就事业、成就自我，工作本身就是生活，学会乐在其中，踏实面对，形成习惯。

干部要奉献、牺牲和受得了委屈

华为对干部的要求，强调敬业、奉献和牺牲。什么是奉献和牺牲？就是不计较，心甘情愿地付出。没有奉献精神、处处斤斤计较的人、受不了委屈的人是不能当干部的。为什么？一是因为任何公司都无法做到凡事公平、绝对公平。评价的不公平，激励的不公平，做了很多成绩但公司没看见或不认可，出了事情还有可能要背锅，明明比别人付出更多，晋升却比别人慢，这些都是委屈。只有受得了委屈的干部，才是合格的干部。二是没有奉献精神，斤斤计较的人格局太小，无法与别人合作，客户、供应商甚至下属都不喜欢与这样的干部打交道，他们最终会把事情做“死”。三是业务和工作目标的达成面临巨大压力，没吃过亏、受过委屈的人不成熟，很难承担更大的重任和压力。四是奉献和牺牲意味着妥协，只有这样才能做到个人服从组织，小家服从大家，才能达成公司的整体目标，如果干部都过于计较，没人愿意奉献，那么公司就会成为一盘散沙，毫无战斗力。

早年，任正非在管理干部的时候，会有意识地进行干部的轮换和调岗，有的甚至还降职降薪，而且事先没有与干部进行详细沟通，有的干部在原岗位做得还很出色，然后毫无征兆地就被调到一个“烂”部门，去收拾残局。这时候干部一般会有几种反应：有的会有过激的反应，觉得公司管理混乱不堪，拂袖而去；有的会有一大堆抱怨，工作毫无进展，对公司极度失望；也有的既来之，则安之，看到有一大堆问题，就赶紧去解决问题了。毫无疑问，公司最愿意看到的是做出第三种反应的干部，这样的干部能堪大用。

类似的事情在我身上也曾发生过。我后来在一家企业做副总，公司有一个项目做得很好，准备发一笔即时奖励。包括我在内，公司有四位副总，其中两位副总直接参与了该项目，对该项目的贡献较大。我是新人，入职刚满6个月，对该项目做了辅助工作，另外一位副总没有参与该项目。董事长定的发放规则是：给参与项目的两位副总一人100万元，给我的奖励是50万元，另外一位副总没有奖励。我当时就表示不满意，我的理由是既然同是副总，奖金分配就应该一样，即使不一样，差距也不应该那么大。董事长当时就懵了，在他看来，给我的奖励已经够多了，是对我工作的极度认可（在我的试用期考核中，董事长打了100分，是集团有史以来第一次），为什么我还不满意？后来，董事长觉得我仍然需要磨炼，虽然工作能力强，但还不成熟。毕竟我刚到公司不久，还处于考察期，可以不给奖励，回想当初，自己是多么幼稚和不成熟，怎么就不懂得感恩和换位思考呢？随着自己阅历的不断丰富，我越发觉得，人是一定要吃亏，要受委屈的，没有受过委屈的人，没有吃过大亏的人，很难成器，很难有大的作为。心浮气躁，意气用事，斤斤计较，不懂开放、妥协和灰度的人，只会一事无成。

竞争的压力

华为作为优秀的跨国企业和世界500强企业之一，员工超过19万，有来自海外各地的顶级精英人才，也有国内各个名校的拔尖毕业生以及来自其他世界一流公司的人才，可谓人才济济，精英荟萃。在这样一家企业当干部，来自各方面的比较和竞争压力是很大的。凡是优秀的人，有抱负的人，成就导向高的人，都不甘于人后，因此越是优秀的人在一起，竞争就越大。这种良性的竞争压力，有助于形成你追我赶、不断赶超的竞争氛围，有利于激发组织活力。作为干部，竞争的压力主要来自以下几个方面：一是公司体系的考核。这是最明显的压力，既要完成目标，又要排序，而且华为干部的考核结果是要公示的，干部可以看到彼此的考核结果，这使干部的压力更大。二是同僚之间的竞争。在一个体系下，总有若干个业务单元，干部们各自带领自己的团队去取得好成绩，干部之间都在暗暗较劲，谁都想争当优秀，不甘落后。三是各种评优、评选。华为的多元化激励做得很好，每年的各种奖励也比较多，除了物质上的，更多的是荣誉，一个团队需要靠胜利来激发。四是来自上级领导的评价或印象。这关系到干部自身的利益，干部们希望用出色的工作、良好的态度、积极的心态赢得上级领导的好评。五是其他人的竞争。其他人有可能是下属或者别人的下属，长江后浪推前浪，大家都在奋斗和进步，不进则退。这样的竞争氛围无处不在，就好像一股无形的势能，压迫你前行。

强势和直接的管理作风

在华为，职级越高的干部中，强势的越多。这种强势不一定对，任正非也多次批评很多干部不会管理，只会骂人，过于简单粗暴。但任正非本人脾气也很大，他也经常骂干部。这种强势的工作作风，一方面来源于工作压力，另一方面与领导人的个性有关。华为的干部大部分有干劲，有冲劲，有激情，自然也有脾气。再者，领导发脾气有时候是策略性的，不代表真生气，更多的是希望传递事情的重要性和对下属施加影响力，以更好地推进工作。好在大家的觉悟还挺高，骂人的和挨骂的都不会太往心里去，知道这是对事不对人。在别的公司如果这么做，估计很多人都会被骂哭。对于管理的强势和直接，不能只盯着它的坏处。我们要理性地看到，经营企业就如同作战，战场之上，容不得温情脉脉。这种强势和直接，一方面使公司上上下下的压力都很大，压力层层传递，大家都不敢懈怠，压力的传递增强了组织的执行力和战斗力；另一方面，指令和信息的传递，变得直接和高效，员工不需要去揣摩领导的想法和心思；再者，这样的沟通方式粗鲁但直接，大家不会因为顾忌面子而间接、迂回、委婉地进行沟通，事情能够说得透，沟通的效率很高。

干部的监督管理

权力只有在监督下运行，才不会失控。在华为，公司坚定地反贪污，反盗窃，反假公济私，反关联交易，反对一切不道德行为，反对一切腐败现象。干部的收入只能来源于工资、奖金、分红或其他奖励，不允许对外兼职、炒股等，更不允许贪污腐化。强调利出一孔，专心致志地做好本职工作。对干部的监督导向惩前毖后，治“病”救人，坦白从宽，抗拒从严，坚守原则和底线，有灰度地处理干部的错误行为，给予改过自新的机会。华为对干部的监督不是靠高薪养廉，而是靠制度约束。华为有一整套监督管理干部的方法。

建立宣誓承诺、干部自检、独立监察的闭环管理制度

公司有党委和道德遵从委员会，可以对干部进行自律监察，监督检查干部是否违反公司相关规定，是否存在道德风险，是否有腐败贪污行为等。华为的干部要进行宣誓并做出承诺，以此作为干部自律的一部分，防微杜渐。

华为公司改进工作作风的八条要求

- 我绝不搞迎来送往，不给上级送礼，不当面赞扬上级，把精力放在为客户服务上。
- 我绝不动用公司资源，也不能占用工作时间为上级或其家属办私事。遇非办不可的特殊情况，应申报并由受益人支付相关费用。
- 我绝不说假话，不捂盖子，不评价不了解的情况，不传播不实之词，有意见直接与当事人沟通或报告上级，更不能侵犯他人隐私。
- 我们认真阅读文件、理解指令。主官的责任是取得胜利，不是简单的服从。
- 我们反对官僚主义，反对不作为，反对发牢骚、讲怪话。对矛盾不回避，对困难不躲闪，积极探索，努力作为，勇于担当。
- 我们反对文山会海，反对繁文缛节。学会复杂问题简单化，六百字以内说清一个重大问题。
- 我绝不偷窃，绝不私费公报，绝不贪污受贿，绝不造假，我们也绝不允许我们当中任何人这样做，要爱护自身人格。
- 我们绝不允许跟人、站队的不良行为在华为形成风气。个人应通过努力工作、创造价值去争取机会。

审计与内控

华为有完善的审计制度和内控制度，所有部门都要接受审计，公司流程和制度有内部风险控制的设计。审计做得更多的是发现问题，查找问题，落实责任，帮助改进，内控是设计合适的内控规范和要求，从而规范业务的开展，从业务设计层面减少风险隐患。华为审计部门组建了一支专门的干部监察队伍，他们客观正直，绝大多数人是来自各业务领域的管理者和资深骨干，熟悉各类业务场景及运作，针对各类高风险的经济责任岗位的干部，完全独立地开展覆盖式的干部行为监察和离职审计，能很好地遏制贪污腐败和其他违背职业操守的情况。对于危险系数比较高的业务领域，贴近业务建立专门的稽查队伍。例如，华为每年有很多工程，就设立工程稽查队伍；采购领域贪腐风险高，就设立采购稽查队伍等，稽查队伍担负打击大面积腐败和消除腐败隐患的重任。审计和内控是公司最重要的反腐败制度性设计和安排，通过严肃查处形成“冷威慑”，从而有效地防止干部堕落腐化。

干部公示，360 度调查及员工投诉

对于干部的监督管理还体现在，所有干部的任命都需要公示，接受员工的评价和投诉。评价和投诉可能涉及各个方面，包括责任心、工作态度、工作能力、道德品质等，将干部置于员工的监督之中。党委和干部部都可以接收员工评价或投诉，一旦收到投诉，相关部门就会进行调查取证，证实信息的真实性，如拟任命干部确实存在与公司对干部的要求不符的行为，则取消任命。对于新任命的干部，华为会通过第三方的党委，独立开展 360 度调查，主要看上下级、同僚的评价，包括品德、周边合作、人员管理等各个方面，将干部置于聚光灯下，他们必须一贯做好行为表率，才能“真金不怕火炼”。

问责及连带责任

华为对重大事件或重大问题进行问责，追究当事人的责任，特别是领导干部的责任。如果某领导干部做出重大品德、违纪、贪污等行为，那么行政管理团队、干部推荐人将负有连带责任。问责和连带责任的制

度安排，目的是让各级干部勤勉履职、敬业奋斗，对干部的任命和使用加强考察，防止任人唯亲。

否决与弹劾

华为的干部任命实行“三权分立”制度。具体来说是，日常实际管理干部、员工的相应行政管理团队具有建议权和建议否决权；促进能力建设与提升的华为大学、专业委员会以及对过程规范性进行把关的人力资源管理部、干部部等组织具有评议权和审核权；代表华为全局利益的跨部门委员会和对思想品德进行把关的党委组织干部部等组织具有否决权和弹劾权。否决与弹劾的目的是加强党委等监察机构对干部的弹劾和监督作用。

综上所述，华为的干部监督、任命和管理是有一套完整的体系的，华为的干部不是那么容易当的，这套完整的干部监督体系能够避免选拔、任命不合格的干部，能够公开、公平、公正地选拔干部，能够对出现问题的干部进行惩处，保证权力在阳光下运行，能够给予干部监管压力，促进干部勤勉敬业，合法守纪。

管好干部，才能让干部聚焦于工作，心无旁骛，才能激发干部队伍的活力和生命力，从而激发组织活力，增强组织能力，提升组织效率。

给足动力，激发干部持续奋斗

在华为当干部，既有压力，也有很强的动力，动力来源于全球化的事业平台、向一切先进者学习的机会、公平合理的评价制度、业界领先的薪酬福利待遇、全员持股的分红制度、退休分红制度、简单高效的工作氛围、奋斗的经历和荣誉等。

全球化的事业平台

在国内，华为应该是业务复杂度最高的公司之一。华为属于高科技企业，集研发、销售、生产于一体；华为在全球 170 多个国家开展业务，在当地设有办事处或机构；华为跨运营商业务、消费者业务、企业业务及云业务、AI 业务、大数据业务等，华为业务中蕴含无限的发展机遇，很多都是新兴产业，既有 ToB 业务，也有 ToC 业务；华为的规模足够大，在最新的全球 500 强企业中排名第 61 位，销售收入超过 8 000 亿元；华为还拥有国内最完善的管理体系和世界一流公司的管理经验；华为是世界最具创新性的公司之一，其 5G 技术、芯片设计、智能手机等已领先全球……在这样的企业工作，尤其是作为管理者，是非常有价值和有吸引力的。全球化的事业平台对于管理者意味着：

能够拥有全球化的视野

华为管理工作很多都必须要有全球化的视野，因为公司业务本来就是全球化的，从规划到设计到践行，面向的是全球几十亿人口和一百多个国家的广阔场景，而不是一国一地的生意，这对管理者拓宽自己的视野，学习先进经验，了解各个国家的法律、制度、人文都很有帮助，高度更高，视野更广，这不是一般企业能满足的。

跨国企业的管理经验

华为有一半的业务来自全球，在华为从事管理工作，就一定能够学习并实践跨国企业的运作方式，跨文化团队融合和治理模式，理解庞大、复杂业务公司的管理，设计并参与公司跨国业务的管理。

全球差旅、交流的机会

每天都有很多华为员工在各个国际航班上飞来飞去，作为管理者，出差的机会更多，拜访客户，拜访一流企业，拜访当地政府，以及合作机构等，能够拓宽自己的能力和人脉圈，提升管理能力。

施展梦想和才华的舞台

华为这么大的平台，需要各种优秀的人才和管理者，有多种业务场景、各种挑战，甚至世界性的难题等着大家去解决，能够发挥管理者的聪明才智，是很好的施展抱负的舞台。

宝贵的职业生涯财富

华为的管理工作，是宝贵的职业生涯财富，能够接受各种挑战，克服各种困难，接受庞大、复杂的业务经验的洗礼，让自身变得更加优秀。

向一切先进者学习的机会

能够向一流的企业学习管理

华为的管理体系，绝大部分都是西方先进咨询公司，包括 IBM、麦肯锡、合益集团、四大会计师事务所等帮忙建立的。研发、销售、人力资源、市场、财务、供应链等无一不是。作为管理者，更有机会理解公司的管理、治理模式，实践检验这套体系的优势和不足，在具体业务中不断思考管理的优化等，这是难能可贵的机会。

能够向合作方学习管理

华为的客户、供应商等合作方都是国内外一流企业，在与它们的交流沟通中，管理者能够学到不同领域的更多先进管理经验。

向公司内部学习管理

任正非以及其他管理干部本身就有很多思想和方法值得学习，华为自身对企业经营管理的总结比较多，可以供各级管理者学习并实践。

华为培养了很多人才，其中相当一部分会自主创业，特别是在华为积累了一定资金、人脉、产品和技术经验的管理者，在富足之后，为实现个人理想而创业的人也不在少数。其中部分创业项目已经上市，做到了一定规模。在对原华为员工的创业项目进行分析之后，我们发现一个很有意思的现象：在创业项目“0”到“1”的过程中，原华为员工未必有优势，很多时候反而处于劣势，因为在大企业工作的背景和经历，部分创始人往往不够接地气。例如，放不下面子，豁不出去，太过宏观和讲究逻辑，书生气，狼性不足等。而一旦项目突破了“0”到“1”的初创阶段，创始人的优势会更明显，他们对项目的宏观把控能力、组织能力、团队管理能力、对问题的研究，让他们在从“1”到“2”……到“100”的过程中显现出巨大的优势。这些和华为提供的全球化事业平台、完善的管理体系及在华为的工作经历不无关系。从大公司出来的人往往视野更广，做事情更讲方法和逻辑，更注重团队作战，这就好比军队的正规军一样，有方法、有阵型、环环相扣，但在初创期不一定灵活和接地气。

公平合理的评价制度

华为对干部的评价主要基于贡献、目标达成情况及绩效结果，最终都是看工作输出。这种评价制度对所有干部都公平，能者多劳，多劳多得，用结果说话，愿意付出、能出成绩的人就能获得公司重用。这样的制度安排能够激励一大批真正想干事业、想有一番作为的干部奋勇向前，不用担心自己的付出没有回报。再者，公司经过这么多年的管理变革，建立了一整套以考核为主的评价体系，以及以激励为主的价值分配体系，这种制度性的设计和安排能够真正确保正确地评价价值，合理地分配价值，从而在公司内部营造公平、公正的环境，激发广大干部努力工作，通过奋斗实现商业价值和自我价值。

业界领先的薪酬福利待遇

这是很现实的，干部承受巨大的压力，做出很大的贡献，薪酬福利待遇自然不会差。华为的薪酬福利在业界是领先的。干部是公司的重要资源，公司给予高额激励。在华为，年收入超过千万元的干部不在少数，高级管理干部的收入甚至过亿，年收入超过百万元的干部就更多了。这是非常有吸引力的，在华为，干部通过努力工作和做出贡献就能获得高额报酬。

全员持股的分红制度

管理者的收入很小一部分来自工资，大部分来自奖金和股票分红。股票分红是高级管理者最重要的收入。管理者在配股等方面是华为倾斜的对象，随着工作年限的累积，职位、职级的不断提升，管理者的股票收益会越来越多，这是一笔非常可观且稳定的收益。分红制度极大地激发了全员，特别是管理者的战斗力。因为大家都明白，奋斗既是为公司，也是为自己，大家都是股东，不会单纯以打工者的心态看待自己的岗位责任和使命。

任正非曾说过一句话："钱给多了，不是人才也变人才。"剖析华为的人才管理哲学，我们发现其实很简单，就是高回报、高压力、高付出、高产出。这里涉及一个永恒的问题：先有鸡还是先有蛋。很多企业的老板对我说，他们愿意给予员工高回报，前提是他们能够高付出、高产出。而员工不这么想，员工的想法是，他们愿意多付出、多产出，但前提是待遇要好。华为的做法是，先承诺高回报，然后在工作的过程中要求员工高付出、高产出。因为只有给予员工高额的回报，公司才能吸纳一流的人才，公司才能要求员工高付出、高产出，否则员工不会珍惜这份工作，也不愿意为此付出，高付出、高产出将变成一句空话。其他公司不能机械地向华为学习，要辩证地看问题，高回报、高压力、高付出、高产出既有相对性，又有绝对性，相对性是指这几个"高"是与同行比较的结果，待遇、产出在同行业有竞争力。绝对性是指必须具备一定的数量级才有吸引力。另外，这一整套激励体系的实施依赖于公司管理水平，如果公司管理水平有限，既不能正确评价价值，也不能合理分配价值，既不能很好地识别人才，又不能妥善地管理好员工，那么公司是无法确保实施效果的。例如，不会选才，给予庸才高激励，指望"青蛙"变"王子"是不现实的；不能很好地评价员工工作，没有结果和目标导向，即使给予员工高激励，也不能保证员工高产出，高产出是依赖于制度保障的，员工不会自动自发地高产出。

退休分红制度

在华为，员工和管理者在退休之后，根据贡献大小可全部或部分保留公司股票（公司不回购），可以继续享受公司每年的分红，相当于做了永久股东。在华为，要做管理者，需要工作满一定年限，管理者在华为的工作时间一般都很长。认同企业文化，能够长期坚持奋斗的管理者一般会在华为退休，从而保留股票，从原来的“拉车人”变成“坐车人”。这样的安排，是比较大的福利。员工在退休之后仍然有一笔可观的收益，这体现了公司对曾经的奋斗者的温情。退休分红制度对于持续奋斗、兢兢业业的人是最好的制度性安排，让长期奋斗者没有后顾之忧。

华为大部分退休干部的生活是很自在、惬意的。华为要求保留一定数额股票的离退休干部不得再继续找工作或兼职，更不能为竞争对手工作或出谋划策。对此大家都能理解。退休后，干部可以旅游、赏花、钓鱼、聚会、探亲访友，好好享受生活。我在华为的好几位前同事退休之后，有的被返聘到华为大学，偶尔讲讲课，不辛苦又不会太无聊。另外一位同事经常去各地打高尔夫球，和朋友聚会，生活很悠闲。还有的当了全职妈妈，照顾小孩（高中），照顾老人，生活以家庭为主。大部分在华为退休的干部都是这样生活的，奋斗多年，不再为生活发愁，享受生活，感悟人生。这与华为的退休分红制度有很大关系，退休分红制度保证退休人员有稳定、可观的收入来源。

简单高效的工作氛围

很多华为人感觉华为像一所大学，有自己封闭的体系，员工每天两点一线地工作，忙忙碌碌。华为的企业文化是公司能够营造简单、高效的工作氛围的根本原因，在华为，没有太复杂的人际关系，不需要刻意巴结谁，一切看绩效结果。团队外出聚餐，按华为人的“潜规则”，都是毫无违和感地把领导留在最后来买单。批评与自我批评也强调对事不对人。任正非自己更是讨厌“马屁文化”，强调“脸”要对着客户，“屁股”要对着老板。不唯上，唯客户，唯事情，如此工作就简单了。在华为，工作和节奏也比较快，很多任务会压过来，不高效是无法完成工作任务的，作为管理者，更是如此。这样的工作氛围是有吸引力的，绝大部分人并不喜欢复杂、扯皮、难缠的人际关系，简单、高效的工作关系是大家所追求的。

奋斗的经历和荣誉

人到中年才发现，人生的重大意义之一就在于工作和奋斗。没有工作，就很难体现自身的价值，没有奋斗过的人生是空虚和不圆满的。真正有抱负、想成就一番事业的人，会渴望将青春的热血洒满奋斗的人生，渴望用勤劳的双手去创造美好的生活，渴望用汗水去浇灌幸福的花朵。

华为是个做事业的平台，它能让做事业的人在这里发光发热，让有抱负的人在这里书写无悔的奋斗人生。管理者首先是奋斗者，奋斗者的激情以及在奋斗过程中积累的自豪感和荣誉感，是真正想有所作为的广大干部和员工的精神食粮。

除了压力和动力之外，华为干部管理的精髓还有很多，在此我主要从激发组织活力的角度来总结。如果对干部只有激励，没有压力，那么公司可能会培养出一群好吃懒做的人，如果只有压力，没有激励，那么也没人愿意在这工作。这就好比汽车，既要加满油，又要使劲踩油门，并确保方向正确，如此车才能跑得快。华为通过持续激励干部，并不断给干部施加压力，使其不越轨，不偏航，把干部的潜力发挥到极致，极大地激活了干部队伍，从而带动了整个组织，使全员群情激昂，持续奋斗！

第十章

持续管理变革，增强组织活力

持续管理变革是华为不断跨越发展瓶颈的成功实践，是企业从小到大，由弱变强的基本保障。华为通过管理变革，从游击队变成正规军，从中等规模企业跃升为全球领先的跨国企业集团。

一家公司的管理混乱或者跟不上业务发展需要，可能导致很多问题：效率低下，没有战斗力；人浮于事，不思进取；老板累“死”，员工闲“死”；组织能力不行，难以达成目标；决策链条长且复杂；部门各自为政，甚至互相拆台；流程不畅，无人担责；无法满足客户需求，客户投诉；事故频发，到处救火等。公司整体是无序状态，即熵增状态。一旦公司的管理出了问题，就需要进行管理变革。对很多中小企业来说，管理变革似乎比较遥远，其实不然，公司无时无刻不在变革，中小企业制定一项新的管理制度，颁布一项新的政策或实施一个新的机制，都是在变革，只是这并不像实施一个管理变革项目那么正式，例如，成立项目组，进行项目规划，制订实施计划，规定实施细则等，但这也是变革。管理变革是对过去管理活动的自我批判，希望通过新的管理活动改善公司的经营管理。本质上，管理变革是企业的必然选择，符合人类发展规律，即人类历史的发展总是否定、肯定、再否定，并不断反思的过程，企业的发展也是如此。

变革又分主动变革和被动变革。主动变革是公司主动发起的变革活动，是对公司过去管理活动的自我批判，自我革新。被动变革是不得已而为之。例如，公司因经营业绩差，不得不裁员，缩减业务，减少产品种类等，这些是被动的自我变革。一般来说，主动变革比被动变革好，是企业自身为了适应发展需要而做出的良性改变。就好比鸡蛋，从内打破就是新生，从外打破就是死亡。因此，企业主动求变，在企业处于上升阶段时进行变革是最好的选择。

企业为什么要进行管理变革

企业不同发展阶段的必然选择

管理变革是企业必须面对的课题。不懂变革导致很多企业做不大或做不长久。举个简单的例子，一家企业的规模从 0 到 1 万元，到 1 000 万元，到 1 亿元，到 5 亿元……每个阶段要求的管理体系、治理结构和能力是不一样的，很多企业会停留在某个阶段，再也无法突破，实际上是无法进行自我变革。企业若不主动进行变革，则会因为不能满足市场需求，不能适应竞争需要而被动进行变革。

我遇到很多这样的企业。其中有一家企业抓住了新能源汽车的增长趋势，是某知名品牌的合作方，这两年业务增长迅速，公司规模在 2 亿元左右，几位合伙人各管一部分，以目前的规模来看尚能应对。新能源汽车行业增长迅速，该公司必须快速抓住行业的红利期，争取将规模再扩大，在 2 ~ 3 年内做到 10 亿元，如果做不大，竞争对手就会做大，到时候可能连活路都没有。但问题是，要想做到这个规模，就要持续开店，分店的数量必须同步增加，分店数量增加必须要有好的管理人才，如果管理不善，那么分店数量的增加并不意味着收入和利润的同比例增加，可能会造成全公司的亏损。对于如何管理数量比现在多几倍的分店，老板自己也没经验。分店与总部之间的股权关系、工作机制、利益关系、汇报关系、管理制度和流程怎么建设？管理人才奇缺，这些人从哪里来？怎么吸引和留住管理人才，怎么考核与激励？怎么打造利益共同体？事实上，企业从小作坊、个体户到正规化经营，急切需要打造组织能力，需要进行组织变革。企业这一步的选择很关键，如果组织变革取得成功，那么企业将迈上新台阶，实现小作坊到中小型企业的转变。如果组织变革失败，那么企业只能原地踏步，甚至有被竞争对手消灭的危险。企业在不同发展阶段，必须抓住窗口期，果断进行相应的管理变革以适应业务发展的需要，不进则退。

管理变革的触发点一般是企业出现的问题

企业在经营管理过程中一般会遇到各种各样的问题，出现问题之后要想办法解决。有些问题是临时性的，很快就可以被解决；有些问题比较难，源于自身管理能力不足，是公司组织结构、制度和流程上的问题，不那么容易解决。这时一般就要进行管理变革。不同企业会有不同的应对方式，组织能力强的企业自己根据业务场景构建新的管理体系，有的企业会请外部顾问来帮忙解决，而有的企业管理能力弱，突破不了，又不善于求助和利用外脑，公司就会进入瓶颈期。总之，企业必须进行管理变革，因为企业总会遇到难以突破的瓶颈和问题，需要做出改变。

企业之间的竞争说到底是管理的竞争

企业之间的竞争本质上是管理的竞争。企业规模是建立在管理能力之上的，管理能力弱的公司很难做大。我经常思考，西方一流企业和华为相比，本质区别是什么呢？华为既有西方一流企业的管理体系、严谨性和规范性，又有极强的组织活力，这是西方一流公司比不了的。那么国内其他一流企业和华为相比，本质区别是什么呢？很多企业的行业资源、龙头地位和规模不比华为差，本质的区别是华为的管理能力和体系比国内其他一流企业强，华为的组织活力也比国内其他一流企业强。一家公司的管理体系不是一两年就可以建好并发挥巨大作用的，也不可能在短期内用钱买回来。管理体系的建设需要时间、能力和沉淀。尤其是对知识密集型企业来说，基于业务的制度、流程、组织架构和 IT 系统以及基于人才的考核与激励机制是核心竞争力。

管理体系建设的目的是使企业摆脱对人才（个人英雄)、资金、技术和市场的过度依赖，将能力建在组织上。只有这样，企业才能长治久安。目前，华为已经建立了完善的管理体系和机制，摆脱了对人才、资金、技术和市场的过度依赖。

例如，华为建立的人才选拔、评价、任用、激励机制，使华为能够广泛吸收优秀人才，而不再依赖某个人，这就是任正非所说的“人才不是华为的核心竞争力，人才机制才是”。华为的产品做得越来越好，营销网络和分支机构遍布全球，这一整套产品供销体系和华为的全员持股政策使华为能够通过产品销售自我造血，通过员工集资提高现金流，使华为摆脱了对资金的过度依赖。华为组建了几万人的研发队伍，每年有上千亿元的研发投入，研发中心分布全球各地，自主知识产权超过 8 万余件，5G 和芯片技术等的崛起，使华为从技术跟随到技术领先，不再受制于人。华为是国内少有的在全球布局的企业，不依赖单一市场。

管理变革并不容易

大部分企业都了解管理变革的重要性，很多企业都尝试改变现状，自我变革，但成功的少，失败的多。我们前文提到的夏普、诺基亚、索尼、柯达等知名企业不是没想过自我变革，也曾在变革的实践中苦苦寻找出路，但最终难逃厄运。中国历代王朝的社会改革，从王莽改制，到王安石变法，再到百日维新，整体来看大多数是失败的。管理大师玛格丽特·惠特利（Margaret Wheatley）在《领导力与新科学》一书中写道："75%的组织转型以失败告终，自我突破的少之又少。"任正非也曾说过："世界上唯一不变的是变化，变革可能失败，不变革肯定失败。"变革为什么这么难？

蜕变是痛苦的

老鹰的寿命很长，能活到70岁左右。当老鹰活到40岁左右时，它的爪子会老化，无法抓住猎物，它的喙会变得又弯又长，几乎碰到胸膛，它的翅膀会变得非常沉重，原因是它的羽毛长得又浓又厚，飞翔变得十分吃力！这时，它只有两种选择：等死或者经历一个十分痛苦的蜕变过程。它必须努力地飞到山顶，在悬崖上筑巢，停留在那里。老鹰首先要用它的喙击打岩石，直到喙完全脱落。然后静静地等待新的喙长出来。然后，它要用新长出的喙，把指甲一根一根地拔掉。等新的指甲长出来之后，它再把羽毛一根一根地拔掉。150天以后，新的羽毛长出来了。老鹰终于可以重新翱翔。蛇蜕皮时蜷缩着身子不停颤抖、抽搐；蝉蛹需要经历漫长的黑暗和等待才能最终化蝶……自然界的蜕变莫不如此。企业的蜕变也不轻松，自我革新是痛苦的，这种剧痛可能涉及企业的既得利益，以及企业当前业务和长远发展之间的平衡，对新的管理体系的不适应和其不确定性，常常让企业望而却步或者导致企业变革失败。

变革是艰难的

变革之所以艰难，是很多原因导致的。

冰冻三尺非一日之寒

企业的问题常常是日积月累的，想通过一次变革就彻底解决问题，则低估了变革将要面临的困难和潜在阻碍，往往会事与愿违。这是导致变革艰难甚至失败的原因之一。

变革将改变过去的利益格局、习惯、既有观念及管理层的自负

变革将改变过去的利益格局，重新分配权力。这必然会面临旧利益集团的挑战和抵触，以致变革常常推行不下去或者进展缓慢，没有效果。另外，一些管理者或员工根深蒂固的习惯也很难改变，人们总是愿意待在舒适区。愿意改变、适应改变的总是少数人。而且，既有观念，陈旧的行事作风，管理者的自负、狭隘、不思进取、目光短浅也会成为变革的阻碍。管理者不愿意批判过去的自己，仍然躺在过去的功劳簿上，害怕丧失眼前的利益，倾其所能去找变革的缺点，为变革的推行设置障碍，或者消极观望，在践行时做做样子，最终导致变革失败。

管理能力和组织能力不足

变革会遇到诸多阻力，因而管理能力和组织能力是非常关键的。变革中，在管理和组织上可能出现的错误包括：

一是重视度不够，最主要的是高层管理者的重视度不够，没有意识到变革的战略意义和给公司带来的重大改变，对困难的估计不足，没有

认识到变革必然会遇到阻力和麻烦。

二是没有很好的管理和推进机制。一把手没有重视和参与变革，没有指定相应的负责人，没有确定考核机制，投入的资源不够，精兵强将不够等，均有可能导致变革进展缓慢，效果不好。

三是没有处理好当前业务和变革之间的关系。变革很可能对当前业务造成一定影响，如何权衡当前业务与变革落地的关系是企业经营者必须考虑的问题，这就好比 F1（世界一级方程式锦标赛），过程中需要换轮胎，换轮胎就好比变革，势必会影响当前的速度和进程，但不换轮胎就可能车毁人亡。赛车手的最佳做法是极速地换轮胎，既保证换好轮胎，又将所用时间降到最短。

四是几乎没有哪一项变革是由某一个单独的部门完成的，变革需要跨部门的协调以及不同部门的参与。这种多部门参与的变革，如果只由部门之间自我驱动和协调，一定会漏洞百出，不同程度的“部门墙”或本位主义对变革效率和效果的损耗是不容轻视的。变革需要高层领导参与和推动，大多数情况下需要公司一把手参与和推动。

五是部分重大变革项目的周期很长，有可能持续 3 ~ 5 年，甚至更长时间，这时候基于变革项目的组织能力和管理能力尤为重要，公司要有打持久战的心理准备。既希望变革短平快，又希望变革彻底解决问题是不现实的。很多变革项目的实施需要管理层及核心员工脱产，全职参与变革，如此才能保证变革的效果。

六是适应新的制度，逐步改变管理者和员工的习惯，新的管理制度发挥效益，都是漫长的过程，在变革初期，可能会出现效率下降、员工抱怨的现象，或者变革在短期内无法达到理想效果，这时候，很多公司容易放弃，认为新的管理制度和流程无用。其实，这是因为不理解管理变革的自然属性和规律。

总之，管理能力和组织能力不足会导致变革难以推进或失败。实际上，华为在推动集成产品开发系统变革的过程中，如果任正非没有强势推进，坚决要求“削足适履”，并换掉一批不理解、不配合变革的干部，那么集成产品开发系统变革很可能推进不下去，并最后失败。某种程度上，华为变革的成功，是 IBM 等顶级咨询公司帮忙改造的结果。也可以说，华为坚定的变革决心和强大的组织能力造就了 IBM 在咨询变革领域的经典案例。

华为管理变革的背景

1987 年，43 岁的任正非带着 2.1 万元和 5 名员工创办了华为。时值中国通信产业的蓬勃发展，华为的销售额不断攀升，到 1996 年，销售额已超过 20 亿元。这段时间的发展可以被定义为华为的野蛮生长时代，任正非充分发挥各路诸侯的作用，开疆拓土，攻城略地。公司管理处于粗放阶段，对市场开拓和销售业务的指导不多，至于管理，更是谈不上，几乎处于放任状态，各个地方的组织，各自施政，各取所需，只要能打粮食就好。任正非点燃的这把星星之火，松散、割裂地在各个地方放肆地燃烧，已成燎原之势。华为早年通过这样的做法完成了原始积累，依靠个人英雄的汗马功劳，公司初具规模，蒸蒸日上。

然而，这一阶段也暴露了很多问题，越来越难以解决。燎原大火会不会失控，最后将自己葬送火海，是任正非不得不思考和面对的问题。任正非曾这样回忆道：“在华为成立之初，我是听任各地‘游击队长’自由发挥的。其实，我也领导不了他们。前十年，我总是飞到各地，去听他们的汇报。他们说怎么办就怎么办，我理解他们，支持他们；听研发人员发散思维，所谓的研发乱成一团，当时简直不可能有清晰的方向，大家就像玻璃窗上的苍蝇，乱碰乱撞，听到客户一点点改进要求，就奋力地去找机会……更不用提如何管财务了，我根本就不懂财务，这也导致后来没有处理好与财务人员的关系，他们被提拔得少，责任在我。也许是我无能、傻，才如此放权，使各路诸侯发挥各自的聪明才智，才成就了华为。我那时候被称为甩手掌柜，不是我甩手，而是我真不知道如何管。到 1997 年，公司内部思想混乱，主义林立，各路诸侯都显示出他们的实力。对于公司将往何处去，我不得要领。”任正非的自述很明确地表露了当时心中的焦虑和不安，他在寻找出路。华为在十年的野蛮生长中积累的问题是多方面的，既有公司层面的，也有业务战线上的；既有技术创新问题，也有市场销售和产品交付问题；既有财务问题，也有人力资源问题……各种问题和矛盾交织在一起，如果一味地扩大规模，没有管理制度和能力做支撑，规模效益将会递减，公司也会出大问题。

整体上，公司缺乏统一的方向和管理，没有公司层面的管理体系、制度和流程做支撑。诸侯各自为战，公司规模的增长没有带来效率的提升和效益的增长，毛利率反而下降。华为整体处于相对无序和混乱的状态。

在企业文化及公司核心价值观方面，什么是公司安身立命之本？公司依靠什么取得胜利？公司的核心价值观是什么？公司该坚持什么并放弃什么？华为管理层在过去十年的历练中找到了一些方向，看到了一些希望，但没有统一的认识，没有纲领性的文件，没有进行充分讨论，没有借鉴中外的先进经验，并从旁论证。

创新没有方法论和制度，成功与否依赖于个人英雄。

根据华为轮值 CEO 郭平的回忆："记得我刚进公司做研发的时候，华为既没有严格的产品工程概念，也没有科学的流程和制度，一个项目能否取得成功，主要靠项目经理和运气。我负责的第一个项目是 HJD48（用户交换机），运气不错，为公司赚了一些钱。但随后的局用交换机就没那么幸运了，亏了。再后来的 C&C08 数字程控交换机和 EAST 8000 数字程控用户交换机，又重复了同样的故事：C&C08 数字程控交换机非常成功，同期的 EAST 8000 数字用户交换机却被归罪于名字取得不好，成了'易死的 8000'。这就是 1999 年之前华为产品研发的真实状况，产品获得成功具有一定的偶然性。可以说，那个时代华为研发依靠的是'个人英雄'。"

各部门各自为战，产品开发缺乏协作

首先是研发部和市场部的矛盾，研发部开发出来的产品未必是以市场为导向的，未必是客户需要的产品。这个时候以客户为中心就是一句空话。部分研发人员还有盲目创新的冲动，一不留神就发明了不少东西，但没有人买单。呆滞物料最终作为奖品被发下去，任正非后来强调以客户为导向要优先于以技术为导向，要做工程商人，就是希望抑制胡乱创新的冲动。其次，市场部为了满足客户需求和订单需要，会一味地要求研发部尽快开发出产品并交付给客户，但研发部是否有这个实力，交期是否如客户期待，客户与客户之间产品研发的优先顺序如何确定，都是问题。制造部也一样，如果研发部和制造部缺乏沟通，那么研发出来的产品是否能顺利地被制造出来？指标是否达标？交期是否合适？产品质量是否得到保证？交付部也一样，制造出来的产品是否能适合各场景的需要？是否方便运输？是否方便安装？这是一连串的问题，没有跨部门的紧密协作，流程没有被打通，是很难统一规划、整体实施、平稳有序地推进各项工作的。

产品研发和评审没有标准流程

产品研发和对外投资是一样的，公司对一个产品的研发就相当于一个内部的投资项目，公司需要投入巨大的人力、物力和财力。早年华为没有产品研发和评审的标准流程，对于什么样的产品可以启动立项，谁来评审，从想法到产品立项，到项目实施，由谁说了算，如何把控项目实施进度，如何对项目进行考核，成功了怎么办，失败了又怎么办，哪些部门需要参与，都没有统一的规范，导致很多产品立项不严谨，项目进度不理想，项目失败的风险比较高。

华为供应链能力严重不足，跟不上业务扩张的步伐

由于业务发展太快，大量订单需要交付，产能严重不足，由于当时华为缺乏统一的管理和跨部门运作的支撑，信息不畅，订单更改、货不对板、产品质量不合格的现象经常发生，严重制约了公司规模的扩张。当时华为为此专门成立了“发货正确”小组，由一位副总裁担任小组组长，领导供应链的同事进行内部优化，初步建立了一些流程和 IT 工具。当时，由于预测的准确性比较低，生产计划很难做得精准，仅仅从供应链内部进行优化，很难解决问题。在这种情况下，任正非给做计划的两名员工一人一双皮鞋，目的就是让他们走到前线，好好思考怎样把计划做准并解决问题，这就是供应链中著名的“两双皮鞋”的故事。

后来，华为启动集成供应链变革，IBM 的顾问进行了多次调研和访谈，总结了华为供应链存在的 78 个问题，归结为流程、IT 系统和组织三个方面，52 个流程问题分布在销售、客户服务、采购、物流、计划、调度和制造等流程中；14 个 IT 系统问题出现在 ERP、与客户有关的方面以及底层技术等方面；12 个组织问题分布在组织结构、角色与职责、文化与沟通三个方面。

人力资源管理的主要问题

华为早年采用人事管理，因为人数不多，任正非可以看到每名员工的表现，基本上就可以根据每个人的表现进行粗略的评价和激励，招聘的人数不多，对人才的要求也不高。随着业务的快速增长，华为的规模发展到几十亿元。华为需要大量的销售和研发人员，这时人力资源管理的短板就暴露出来。怎样选人、用人？怎样评价员工的贡献？如何根据贡献给予激励？怎样对待优秀的员工和绩效差的员工？以什么标准进行激励？公司如何给每名员工定薪？员工来了之后如何尽快适应工作，快速成长？如何选拔管理者？如何带队伍，快速形成战斗力？随着国际业务的开拓，如何高效实现全球化人力资源的管理和运营？如何做好当地的法律遵从？如何吸引、考核、激励和留住外籍员工？如何更好地支撑业务？这些问题成为华为不得不面对的问题。

财务核算与财务管理的主要问题

华为早期的财务核算和财务管理仅仅是基础的会计和出纳工作。当时公司没有统一的财务制度和规范，财务人员给当地业务部汇报工作，各个地方的财务核算标准、财务制度、报销标准和收入确认等都不统一，甚至出现了公款私用、卷款等恶劣行为。随着业务规模的扩大，华为的项目越来越多，这样的财务核算及管理体系远远跟不上业务发展的需要，如果继续下去，公司将面临巨大的财务风险。具体来说，一是财务没有规范和制度，收入确认、会计政策、会计流程、会计科目不统一；二是无法保证业务的真实性，财务人员对业务不熟悉，导致来自业务端的数据存疑；三是无法支撑项目预算、核算等，华为早年的会计习惯了设备收入确认与核算，后来华为出现了大量的工程项目，这些项目在各地差异很大，对于如何准确确认收入并进行财务核算，会计并不清楚。另外，当要对一个项目进行投标时，财务人员无法对项目进行初步的概算和预算，连项目是否盈利都算不清楚。四是无法准确及时地追收应收账款，甚至出现坏账，现金流压力巨大。五是业务不断膨胀，财务严重滞后，财务人员不了解业务，不能很好地支撑业务的发展并履行财务的监督职能。一系列的问题使华为不得不变革。

1997年，任正非带领高管团队踏上美国之旅，遍访IBM、休斯、朗讯、惠普、贝尔实验室、哈佛大学、麻省理工学院等知名企业和高校，学习交流。美国之行，给任正非很大的震撼，美国发达的科技、领先的教育、先进的企业管理、开放的文化及美国人的专注和认真给任正非留下深刻印象。特别是与IBM的交流，使任正非获益良多：IBM在发展过程中遇到的问题与华为相似，IBM通过变革解决了发展中的很多问题。挽救IBM的CEO郭士纳更是传奇人物，他铁腕治军，坚定改革，以强硬的手段废除了臃肿的官僚体制，建立了以绩效管理和流程运作为主导的决策机制，丢弃了过去IBM组织活力低下、僵化保守的企业文化，建立了“以客户为中心”的企业文化。交流持续了一天，从产品到项目管理，从生产到投资决策，IBM高层做了详细的介绍。郭士纳向任正非提出了企业经营管理的四个常识：

- 制造业没有别的，制造业永远都是产品领先。
- 整个组织不能以生产为导向，一定要以客户为导向。
- 制造行业未来不仅是卖产品，还要卖服务。
- 电子消费品领域要想盈利，要想有核心竞争力，就必须聚集，必须将核心产品做到足够规模。

对于这四个常识，华为在发展过程中都坚持做了，这四个常识是无价之宝。这次交流给任正非带来极大的震撼，IBM 所处的行业，在管理上的独到见解，犯过的错误，处于破产边缘又起死回生的变革经历，对当时的华为有直接借鉴意义和指导作用。华为要想继续发展，成为世界一流企业，就要改变过去效率低下、误打误撞的管理模式，只有向 IBM 这样优秀的企业学习，才能少走弯路，少犯错误。带着厚重的笔记回到国内，任正非在内部会议上进行了总结："企业如果缩小规模就会失去竞争力，如果扩大规模，但不能有效管理，就会面临死亡，只有加强管理与服务，在这条'不归路'上，才有生存的基础。""我们只有认真向这些大公司学习，才能使自己少走弯路，少交学费。这些经验是 IBM 付出数十亿美元的代价总结出来的，他们经历的痛苦是人类宝贵的财富。"

后来，任正非迅速地做出决策，邀请 IBM 帮华为进行管理变革。当时，IBM 顾问对华为进行了全面的体检和诊断，总结了五大问题，具体如下：

- 缺乏准确、前瞻性的对客户需求的关注，反复做无用功，浪费资源，导致成本高。

- 没有跨部门的结构化流程，各部门都有自己的流程，但部门流程之间靠人工衔接，运作过程割裂。
- 组织上存在本位主义、部门墙，各自为政，造成内耗。
- 专业技能不足，作业不规范，依赖个人英雄，这些个人英雄的成功难以复制。
- 项目计划无效，项目实施混乱，无变更控制，版本泛滥。

任正非在会场听了 IBM 顾问给华为做的诊断报告，表情凝重，虽然早就意识到了问题的存在，但没有意识到问题已如此严重。任正非下定决心要让自己和华为的中高层管理者做好学生，向世界一流企业学习。从 1998 年开始，华为正式启动大规模的管理变革（见表 10－1）。这为华为后来发展成为世界一流的跨国企业，成为行业领袖和世界 500 强企业之一奠定了坚实的基础。

表 10－1　华为主要变革项目和变革顾问

变革项目	变革顾问	变革起始时间（年）
《华为公司基本法》	中国人民大学教授	1996
人力资源体系变革	合益集团	1997
财务“四统一”变革	毕马威	1998
集成产品开发系统变革	IBM	1998
集成供应链变革	IBM	1999
战略规划与财经共享中心建设	美世	2002
业务领先的战略制定与解码	IBM	2006
集成财经变革	IBM 与普华永道	2007
从线索到现金变革	埃森哲	2007

华为如何进行管理变革

变革往往容易失败或者推行不下去。但华为进行的这么多变革，几乎都是成功的，至少都在运行中，等待时间检验其效果。从华为内部来看，引进和吸收外部先进的管理机制和系统，对内部管理确实起到规范作用，提升了工作质量和效率，有力地支撑了业务扩张的需要。这得益于华为管理层的重视和推动以及一整套变革管理的方法和措施。经历多次重大变革，华为对如何管理变革项目有了更多经验，日积月累，形成自己的一套方法论。华为的变革能够成功的主要原因如下：

强有力的组织保障和领导

实际上，1996 年，在到美国考察之前，任正非就已经开始考虑要改变华为现状，加强管理，为企业业务扩张奠定扎实的管理基础。华为成立 10 周年也极具代表意义，10 是划时代的数字，承前启后，需要继往开来。华为第一个 10 年在野蛮生长中完成了从无到有、由弱变强的过程，在发展过程中，积累了不少宝贵的经验和教训。一方面，华为在过去 10 年完成了原始积累，那么在下一个 10 年，从野蛮生长到规模增长，直接面对国际竞争，华为是否准备好了，能力是否足够？另外，过去 10 年有成功也有失败，需要总结、归纳和提炼有价值的经验、教训以不断向前。另一方面，华为一直没有纲领性文件，员工很聪明，积极性很高，但也容易发散思维，容易不聚焦，不力出一孔，需要纲领性文件的指导。任正非在《华为的红旗到底能打多久》中提道："华为走过的十年是曲折崎岖的十年，教训多于经验，在失败中探寻到前进的微光，不屈不挠、艰难困苦地走过了第一次创业的历史阶段。这些宝贵的失败教训，与不可以完全放大的经验，都是第二次创业的宝贵的精神食粮。当我们第二次创业，走向规模化经营的时候，面对的是国际强手，他们又有许多十分宝贵的经营思想与理论，可以供我们参考。如何将我们十年宝贵而痛苦的积累与探索，在吸收业界最佳的思想与方法后，再提升一步，成为指导我们前进的理论，以避免陷入经验主义，是我们制定'公司基本法'的基本立场。"这是华为制定《华为公司基本法》的目的和背景。

1996 年，华为邀请中国人民大学的 6 位教授编写"公司基本法"，前后经过十几次反复讨论和修订，最终形成公司经营管理的纲领性文件。从此正式拉开了华为邀请外部顾问指导公司变革的序幕。1997 年，任正非在美国之行后，开始放眼全球，把目光放在世界顶尖企业的治理实践上，开始启动大规模的管理变革。无论是《华为公司基本法》的起草，还是请 IBM 帮助启动管理变革，包括后来陆陆续续启动的其他变革项目，推手都是任正非本人。不仅仅是任正非的强力推动，董事长孙亚芳、核心高管、部门负责人、中层干部及核心骨干也不同程度地参与了管理项目的变革。事实上，华为高层领导直接发起、推动、组织和管理了变革的全过程。这是华为变革能够成功的有力保障。对变革项目的管理不仅仅体现在重视层面，华为进行了制度性创新，构建专门的变革管控组织，以制度规范、约束和管理变革项目的推动和落地。

变革指导委员会

为了更好地指导变革项目，把握变革的总体方向及从公司战略层面处理变革项目事宜，从集成产品开发系统变革项目开始，公司成立了变革指导委员会，时任公司董事长孙亚芳担任主席，任正非和 IBM 专家担任指导委员会的顾问，从最高层面决定变革项目的战略方向，决策部署重要节点和关键点。

变革项目群领导组

变革项目群领导组是变革指导委员会的下设机构，主要负责跟进和监控项目群主要进展，解决重大问题并做出决策。

项目群管理办公室

项目群管理办公室是项目管理的常设执行机构，负责日常项目的管理，包括进度协调、会议安排、组织讨论、风险控制等。

项目组

项目组负责具体项目的执行、推进、变革实施及成功交付等。

此外，项目组在实施过程中，还会设“项目赞助人”，一般由公司副总以上高级领导担任，主要负责项目方向的指引，具体交付件的指导，项目所需关键资源的提供或协调等。由此可见，华为在项目变革中，构建了专门的变革管理组织，从而可以更好地推进项目。另外，部分员工是脱产参与项目变革，并不承担具体业务指标，个人的考核完全由项目组评定。这样的安排虽然成本很高，但由于项目工作量很大，为确保项目顺利推进和实施，必须全力保障人员投入。这部分员工由于组织关系被划归项目组，其考核、薪酬和晋升也完全取决于项目进展情况，因此，他们可以做到心无旁骛，专心致志地做项目，这也是项目得以成功推行的原因。而且，高层领导必须参与项目变革，项目涉及的具体业务的领导也必须是项目的主要负责人，以确保项目实施，例如集成财经变革团队的领导人就是 CFO 孟晚舟。高层领导不是简单地过问项目情况，而是全程控制和管理项目进展，包括关键节点、里程碑式目标的达成、项目中问题的协调解决、难点的攻关和突破等。在项目的重视度上，必须把项目变革摆在战略的突出位置，身先士卒，起表率作用和先行示范作用。因为变革往往是从高层领导开始的，高层重视，底下的中高层才会全力以赴，项目变革才能顺利推进。

华为的每一次变革几乎都是由任正非、孙亚芳带头。市场部集体大辞职就是由孙亚芳带头执行，最近一次的变革“让一线直接呼唤炮火”又是任正非在大声疾呼。无论变革的方法论和体系多么完美，领导人的强势推动和示范作用都不可或缺，一旦缺位，变革就很容易陷入僵局，难以推进，或者变革项目在推进过程中变味，达不到预期的效果。

先僵化，后优化，再固化

“先僵化，后优化，再固化”是任正非在 1999 年 11 月正式提出的全力推进变革项目的指导方针。“僵化”在华为当时的变革背景下，指的是在变革过程中要全盘照搬世界顶尖公司的管理制度和流程，不允许修改或提供其他的优化、细化、改进方案，要机械地执行，不折不扣地听顾问的意见。用任正非的话讲，就是要穿“美国鞋”，“削足适履”。之所以会有这个明确的指导方针，是因为变革遇到了很大的阻力。这个也很好理解，“美国鞋”并不好穿，尺寸不一样，款式不一样，适应的业务场景也不一样，在推行的过程中，不少干部和员工提出了反对意见。例如，在集成产品开发系统变革、集成供应链变革和人力资源体系变革中，一些人认为西方的管理体系并不适合中国公司，也未必比华为自己的管理理念和管理方法先进，或者说未必适合华为。另外，由于变革打破了原有的管理制度，实行了新的管理制度，部分管理者和员工并不适应。任何新事物都一样，人们一开始不适应，就会抱怨，而且适应新的制度，总有个过程，不习惯，不熟悉，觉得新的管理制度和流程更加复杂，要填更多表格，走更多步骤，部门在使用的过程中会感觉比原来更烦琐，不是提升了效率，而是降低了效率。旧的利益格局被打破，原来审批权限更大的主管在新制度下权限变小了，也会抱怨风险失控。种种原因导致变革项目在推行过程中困难重重，阻力不断。

显然，任正非和一些有远见的高层领导并不这么认为。一方面，作为决策层，开弓没有回头箭，不能遇到困难就往后缩。另一方面，暂时遇到的困难是在估计之内的，古有为变法流血牺牲，公司的变法岂能不遇到阻力。对于这个道理，熟读历史的任正非再明白不过了。任正非相信借鉴和引进西方的管理制度是行得通的，因为这些公司存活了很长时间，是它们从自身的成功与失败中总结出来的宝贵财富，有其科学性、合理性和先进性。任正非深知中国人的恶习，思维发散，头脑灵活，很有主见，但不太愿意遵守规范。如果在变革刚开始推行时，就允许员工的各种想法“百花齐放”，则不利于统一思想，聚焦变革，变革就会“流产”。变革的阵痛一定会有，但必须扛过去，这是走向世界舞台的必经之路。在这样的背景下，任正非在公司内部明确提出变革的指导方针：先僵化，后优化，再固化。为了稳定军心，坚持变革，任正非频繁地做思想工作，频繁地强调变革的重要性，并以铁腕手段推进变革。1998 年，任正非在《我最痛恨聪明人》中提道：“我最痛恨聪明人，认为自己多读了两本书就了不起，有些人还不了解业务流程是什么，就去开流程处方，流程七疮八孔地老出问题。”“所谓‘削足适履’不是什么坏事，而是与国际接轨。我们引进了一双‘美国鞋’，刚穿总是会夹脚。我们一时又不知如何使它变成中国的‘布鞋’。如果我们在‘美国鞋’上开几个洞，那么这个管理体系我们也不敢用。因此，在一段时间内我们必须削足适履。”2001 年任正非在与 IBM 顾问陈青茄的谈话中提道：“我们三五年内要穿‘美国鞋’。顾问说什么就是什么，我们试试看。当然如果不理解，可以思考，允许思考，但不允许独立出方案，出报告。有的员工很爱公司，但我认为不要有狭隘的自尊心，狭隘的华为自豪感，我说过，要反对狭隘的民族自尊心，反对狭隘的企业自豪感，反对狭隘的品牌意识，这样我们才会成为未来难以战胜的公司。”

后优化是指等变革推进到比较成熟的阶段，起码在两三年之后，才可以根据公司的实际情况对新制度和流程提出优化建议，即便这样，也不能改变制度流程设计的初衷，即不能全盘推翻，自己重来，这不是优化，是革新。华为强调的优化实际上就是改良。为什么是先僵化，后优化？因为只有僵化地执行后才能真正理解，只有经历一段时间的运行后才能综合评判是否需要优化，僵化是优化的基础。当然，一直僵化，始终完好无损地执行，也会有不适配的地方。优化的目的是使业务更高效和实用，而不是将西方式的管理改造成中国式管理或华为式管理。任正非强调，“切忌产生中国版本、华为版本的幻想”。实际上，华为每一次根据公司业务需要，对从西方引进的流程和制度进行优化都会征求顾问的意见，与顾问确认该优化会不会违背制度流程设计的初衷。

例如，华为现在还在使用的从英国引进的任职资格体系，在内部使用过程中，任正非提出了优化建议，认为任职资格不能只看能力、资历、专业水平，还要看贡献和结果。这样，在原体系不变的情况下，将绩效结果作为任职资格评定的主要因素进行考量。华为的集成产品开发系统变革于1998年开始实施，至今华为的集成产品开发系统变革仍处在不断优化的过程中，能力测试从当初试运行的1.6分，达到2016年的3.7分（3.5分是集成产品开发系统的国际水平）。

再固化指的是新的制度和流程经过僵化、优化之后，是需要固化的，不能无限制地处于推行当中，只有固化下来，才能提升公司管理的规范性，把例外事项变成例行事项，公司才能步入正轨，依制度和流程办事，做到合规运营。这就是华为变革的九字方针，很实用，是实践过程中的经验之谈。

实际上，无论怎么做工作，都需要采用铁腕手段，只有铁腕手段才能保证变革的顺利推行，华为的变革也是铁腕变革。面对变革的反对者和消极懈怠者，任正非的办法是把他们请出去或者降职降薪。在集成产品开发系统变革的推行过程中，就有100多位中高层管理者因为阻碍变革实施，被开除或者降职。

变革聚焦产粮和增加土壤肥力

管理变革的目的是聚焦产粮，聚焦客户，聚焦一线，或者有利于提升为客户服务的能力，增加土壤肥力，不是为了管理而管理。怎么变革才是聚焦产粮和增加土壤肥力呢？依我的理解来看，包含四个层面。

变革应聚焦客户，变革应有利于提升公司满足客户需求的能力

华为启动集成产品开发系统变革的重要原因是研发部的技术创新和

产品开发不能满足客户需要，特别是不能适应客户未来不断增长的技术和产品需求，包括产品的质量、产品开发的效率、产品与客户需求的适配性。而且由于公司没有一套体系化、完整、科学的产品开发的标准流程，公司产品时好时坏，完全依赖个人英雄的自我突破，远远不能满足客户日益增长的规模化、质量稳定和技术领先的产品需求。经过集成产品开发系统变革，公司的产品研发和技术创新才能做到以客户为中心，公司建立了端到端的集成产品开发流程，即需求从客户端来，技术和产品到满足客户需求端去，这样的变革流程设计，很好地解决了公司产品开发的瓶颈，降低了开发成本，提升了开发效率，更重要的是不再以技术为中心，而是以客户为中心，通过集成把一线人员，包括市场销售线、交付安装线对客户的洞察和理解以及客户的需求体现到产品设计、创新、制造的整个过程，从而真正满足客户需求。

华为启动集成供应链的变革，也是如此。因为公司的供应链体系完全不能满足客户需求，产品质量不稳定，订单交付延迟，客户响应慢，客户服务能力弱，供应链水平远低于竞争对手，客户的抱怨越来越多，如果这种情况持续存在，华为就会倒闭。因此，华为启动了集成供应链变革。华为集成供应链变革的目标是，质量好，成本低，服务好，快速响应客户需求。通过变革，华为的供应链水平大大提升，质量的稳定性、成本控制、响应速度、产品交付都有了大幅度的提升，目前华为的供应链管理水平已经处于业界领先水平。

从现索到现金变革同样如此，为了更好地满足客户需求，公司构建面向客户的“铁三角”作战单元，让一线理解客户需求的人做决策。通过客户经理、解决方案专家、交付专家形成的“组合拳”，更好地理解和满足客户需求。为什么这么设计？因为“组合拳”形成之前各部门自扫门前雪，各管各的事，造成客户界面信息沟通不畅，每个面对客户的员工只关心自己的一亩三分地，只关心自己的考核结果，导致客户需求被遗漏或者客户需求反馈很慢。而客户的需求是多方面的，既有产品的问题，也有交付的问题；既有技术的问题，也有客户服务的问题，客户必须频繁地与不同部门的人沟通，关系错综复杂，令客户头晕。显然，这样的状况不是以客户为中心，必须变革。

变革有利于干部和员工持续奋斗

华为干部、员工的持续奋斗为什么有利于产粮和增加土壤肥力呢？因为奋斗的方向是创造价值、满足客户需求。满足客户对技术、产品和服务的需求，必须通过全体员工的奋斗来实现。公司人力资源体系变革的目的正是激发全体员工持续奋斗。1996 年，市场部集体大辞职的背景是，当时创业时期打出来的部分个人英雄，滋生了安逸、自满和不思进取的工作作风，以功臣自居，散漫，不利于公司的规范管理，因而通过集体辞职再述职，淘汰了不合格的干部，目的是激发大家持续奋斗，持续创造价值。1997 年，与合益集团一起进行的岗位、级别、薪酬体系变革，是为了正确评价员工价值，合理分配价值，目的是在华为内部营造公平、公正的氛围，构建以绩效结果为导向的人力资源管理体系，激励大家持续奋斗。2007 年，新的《劳动合同法》颁布，华为为了使员工持续艰苦奋斗，贯彻公司不是家、不搞终生雇佣制，员工不能一劳永逸地、永久地与公司建立劳动关系，不惜冒着被抛上风口浪尖的舆论风险，用几十亿元买断员工工龄，所有工作满 8 年的员工辞职后再重新入职，废除论资排辈的工号文化，目的还是促使员工持续奋斗，以贡献论英雄。

有利于精简机构，提升组织效率

精简机构，提升组织效率的变革，有利于增强企业竞争力，有利于快速、高效地为客户服务，有利于降低公司运作成本，为客户提供质优价廉的产品。如果组织机构臃肿，人浮于事，效率低下，那么公司的无效动作、无效管理和规范就会增加，从而会降低公司的运营效率，不利于对客户的快速响应，不利于与客户进行简单高效的沟通。这与以客户为中心的核心理念背道而驰。公司进行集成供应链变革，其中一个原因是供应链原有的组织结构层次太多，各层次之间的协调难度很大，业务处理需要不同、多余、分散的各种决策，职责的界定也不清晰，很多决策重复，造成了巨大的浪费，拉长了决策流程，降低了决策效率。集成产品开发系统变革也遇到同样的问题，各部门信息不畅，各自为战，交流困难，流程没有跑通，单独决策，重复决策，造成效率低下。因此，变革有利于精简机构，提升效率，有利于公司简单高效地进行管理。

有利于公司规范化运作和流程化组织建设

公司变革一定要有利于公司规范化运作和流程化组织建设。从熵增的自然规律看，熵增的过程是从有序到无序的过程，公司不规范，管理没有规则，干部和员工无所适从，方向也不一致，就会导致混乱和无序，混乱无序的状态会导致公司内部运作效率低下、扯皮、做无用功和重复劳动等，当然不利于产粮和增加土壤肥力。而流程化的组织建设，是公司规范管理的载体和基础，没有流程化的组织构建和设计，规范无从谈起。规范的本质含义是有序，而不是为了规范而规范。华为所有的管理变革都是为了使公司更加规范、有序的运作，规范有序才能高效。

试想，华为在170多个国家开展业务，有超过8 000亿元的销售规模，十几万名员工每天需要与客户、供应商、政府部门或其他员工进行工作衔接，如果没有规范的运作流程，公司会乱成什么样。华为始终以端到端的流程建设为目标，从客户需求中来，到满足客户需求中去，通过流程打通内部运作，使原本割裂的部门通过流程运作，防止厚重的部门墙和信息不畅，当组织与流程不一致时，更改组织以适应流程。

因此，这四个方面的考量是公司变革的聚焦点，核心都是为了满足客户需求，聚焦产粮和增加土壤肥力，增强为客户服务的能力。

国内大部分小有成就的创业者，要么具备很好的销售、攻关能力，能够依赖销售能力或关系网，完成公司从0到1的积累；要么具备较好的产品和商业模式，能发现市场的空档，提供有竞争力的产品，获得客户认可之后，完成原始的积累。但创业者普遍缺乏经营管理能力、组织管理能力、财务管理能力。这就是为什么很多公司，包括一部分上市公司的规模已经很大，但管理水平还停留在原始阶段，这样的公司会有天花板，不能从个人英雄过渡到群体英雄，不能把个人能力转变为组织能力，公司的规模受限，终究也走不远。像华为这样重视管理和管理体系的公司在国内是稀缺的，更不用提进行管理变革了，很多老板连管理变革这几个字都不太理解。这也是大部分中国企业寿命短、规模小、竞争力弱的原因之一，不重视管理、不懂得自我变革是普遍现象。

七个反对，防止变革走在错误的路上

为了更好地进行管理变革，任正非提出了管理变革的七个反对，实际上是在实践中总结了管理变革容易出问题的七个方面。反对完美主义是符合任正非的灰度哲学的，世界上没有完美的事物，一味地追求完美，就会影响效率，追求完美就会无止无休地不停折腾，华为强调一次把事情做对，保质保量，及时交付使用是华为追求的目标。烦琐哲学不可取，任何烦琐的东西，都不易懂，都会把事情搞复杂，公司奉行简单实用的哲学。盲目创新是自杀行为，它是规范的死敌，在变革中最忌讳冲动，将没有经过严格论证和试验的创新纳入使用，既破坏了原有的制度，又劳民伤财。没有全局利益的局部优化容易破坏全局，虽然局部得到优化，但是因此破坏了全局的协调性，增加了其他部门的工作量，得不偿失。没有全局观的干部参与变革，只会自私自利，井底之蛙无法获取宇宙的奥秘，他们参与的变革，注定是失败的。没有业务实践经验的人参与变革，会让制度和流程难以适应业务场景需要，容易异想天开，为了管理而管理。没有充分论证的流程一旦进入实用阶段，对业务的冲击很大，对原有制度的破坏力很强，甚至有可能让业务陷入瘫痪，华为的变革从立项到审核、审批、试用都有严格的规定，只有试用通过的流程才会推行。这七个方面的反对，是给变革领导者和参与者、使用者敲响警钟，避免大家走在错误的路上还沾沾自喜。

变革中的七个反对：

- 反对完美主义。
- 反对烦琐哲学。
- 反对盲目创新。
- 反对没有全局效益的局部优化。
- 反对没有全局观的干部主导变革。
- 反对没有业务实践经验的人参与变革。

- 反对没有经过充分论证的流程进入实用阶段。

控制好变革的节奏和质量

华为的变革能够成功的一个很重要的原因是科学地控制了变革的节奏，始终把变革的质量放在首位。任正非曾说："中国历史上失败的变革都是因操之过急，展开面过大，过于僵化而失败的。华为公司20年来，都是在不断改良中前进的，仅有少有的一两次突变。华为公司管理只讲实用，不会优中选优。"所以，华为的变革更应该叫改良。

从变革的节奏来看，华为集成产品开发系统变革从1998年开始，直到2003年年底，华为才正式将集成产品开发系统推广到整个公司。在此之前，华为在不同的产品线试验集成产品开发系统，通过试点收集大量的数据和问题，并反复讨论和优化。通过试点不断地让干部和员工熟悉集成产品开发系统，反复地做工作让员工使用这套系统，前后历时5年，才正式向公司推广。这样严谨科学的态度、细致入微的工作以及对变革节奏的管理和把握是集成产品开发系统能够顺利推行的关键因素之一。直到现在，集成产品开发系统仍然在使用的过程中，并不断改良和优化。因此，任正非讲，华为的变革还不能算成功，因为成功需要很长一段时间，通过实践效果才能检验，现在只能说没有失败。公司财务变革更是从来没停止过，从1998年财务"四统一"开始，到2007年初见成效，然后又启动了集成财务变革，到2014年才取得阶段性成果，现在仍然处在实践和优化的过程当中。华为对变革的理解，是不断改良，不是速度制胜，而是把握好节奏，真正解决业务中的问题，以质量取胜。华为把变革质量看作生命，不允许随意触碰。不能因为速度牺牲质量，先僵化，后固化。再优化的方针本身就是质量方针，避免投机取巧，变革速成。华为对变革制度和流程的优化，每一步都与顾问深度讨论和沟通，得到顾问的认可后才会优化，不是胡乱地按照自己的意图来改。

应该说，这与市场上大多数公司的做法截然相反，很多公司的变革项目管理是混乱的，自作聪明，经常用顾问不懂行业、不懂公司实际情况、不懂变通为理由，随便否定和更改顾问方案和设计。变革急于求成，希望今天变革，明天就看到效果，希望变革成为灵丹妙药，希望通过变革短期内解决公司所有的问题。这些观点的出发点就错了，变革怎能不失败。曾经有一个企业家问我：顾问给公司做变革输出的是什么？我说是方案、制度和流程设计。他接着问："那如何量化顾问的输出成果？给公司带来的价值能否通过数据量化？包括带来什么样的收益，比如销售额能增加多少？"我的回答是："管理变革是影响深远的公司变革，影响是方方面面的，顾问无法承诺带来多少量化收益，包括销售额增加多少。"显然，这位企业家并不理解管理变革，指望进行管理变革能像找个销售员一样，短期内立竿见影地增加收入。他也没有管理意识，不懂管理变革的难度和复杂度。华为在变革中始终保持平和的心态，先学懂，后试用，再实施，每一步都严谨对待，科学规划，并没有急于求成，把变革当成灵丹妙药，反而能通过变革让公司更加强大。

善待和尊重顾问

管理咨询是脑力活动，是"智慧"的交付，是蓝军，是"第三只眼"，它不是死板、僵硬的铁板，它是有生命力和创造力的。企业要始终明白，希望从顾问身上学到什么，而不是拿着放大镜拷问顾问，证明顾问不行。用华为人的话说，顾问混得不舒坦，就无法产生思想精华。因此，华为要求干部和员工必须善待和尊重顾问。

善待和尊重顾问才能让公司价值最大化

当年，华为第一次聘用 IBM 顾问帮助公司进行变革，IBM 报价 4 800万美元，这个价格几乎让所有人瞠目结舌，当时一位副总裁悄悄地跟任正非讲："这相当于华为公司一年的利润了，我们砍砍价吧。"任正非反问："你砍了价，能对项目风险负责吗?"这个真实的故事被传为佳话，任正非尊重知识，尊重别人的劳动成果，也善待和尊重顾问。

后来，在集成产品开发系统变革项目实施过程中，IBM 派了 300 多名资深顾问，他们在 IBM 工作多年，是研发领域的资深经理，手把手地教华为年轻、稚嫩的项目经理实施集成产品开发流程，这是宝贵的经验传承。

华为在三十几年内销售额增长了百倍之多，与变革的成功紧密相关：集成产品开发系统变革项目使研发周期缩短一半，研发成本大幅度降低；供应链变革项目使各项指标都极大改善，华为集成供应链达到业界领先水平……这些成绩的取得远远超过当初付出的现金价值。

顾问就是老师

华为坚持疑人不用，用人不疑，请进来的顾问就是老师，如果请进来又不信任，还不如不请。一切行动听指挥，不服从、不听话、耍小聪明、搞小动作的被开除出项目组，进行降职、降级、降薪处理。杜绝自恃清高、自认为比老师还厉害的人参与项目变革，影响项目进度，也不能动不动就去否定顾问。

像对待客户一样对待顾问

安排最好的位置给顾问，车接车送，不允许怠慢。顾问就是权威，是老板的代言人，可以罢免不配合项目实施的干部和员工。这让顾问有自豪感、归属感和荣誉感。

正是因为华为对顾问的善待和尊重，顾问才会掏心掏肺地把压箱底的本事传授给企业，并帮助企业真正解决问题，吃透方法，如此才能使变革项目成功推进和实施。

坚持自我批判，让变革文化深入血液

为了推进公司的发展，为了在变革之前统一思想和认识，从 1996 年开始，任正非借鉴了毛主席的批评与自我批评的伟大实践，开始在华为内部频繁地提及自我批判。进行自我批判的目的是让广大干部员工清空自己，不要骄傲自满，要认识自身与世界一流公司的差距，时刻警惕危机，不断提升公司的经营管理水平。任正非曾讲，他最痛恨聪明人，不是痛恨聪明，是痛恨聪明人身上的自以为是。强调自我批判，对变革是有益处的，先掘松土壤，才能让变革的种子种下去，活下来。后来自我批判成为华为的核心价值观，要求员工遵守。事实上，华为自始至终处在变革之中，始终在自我批判、自我改良，没有沾沾自喜、停滞不前。这是华为不断强大的重要原因之一。

华为经过多年的摸索和成功实践，对管理变革有了深刻的认识，并掌握了一整套管理变革的方法，无论是公司决策层的重视，还是组织保障；无论是先僵化，后固化，再优化的九字方针，还是明确提出的七个反对；无论是坚持变革聚焦产粮和增加土壤肥力，还是对变革节奏和质量的控制；无论是善待和尊重顾问，还是坚持自我批判，都是华为在变革过程中积累的宝贵财富，行之有效，始终让变革走在正确的道路上。

一系列变革的成功实施，增强了华为满足客户需求的能力，提升了组织效率，降低了企业成本，激发了广大员工坚持奋斗的意志，提升了组织运作的规范性，让组织变得更加有序、高效、简单、实用。这些成果均有效地对抗了组织自然熵增的规律，极大地激发了组织活力，激发了组织的战斗力。也正因为华为能够不断地自我革新，自我革命，自我突破，始终向前，才能一次次蜕变，终成参天大树。

总结

华为始终坚持组织激活的管理理念和思想，从鲇鱼效应、熵增定律、人性的弱点总结出组织激活的原理，从开放、打破平衡、厚积薄发、战略管理、以客户为中心、以奋斗者为本、坚持自我批判、干部管理和组织变革探讨华为激活组织的具体政策、措施和管理办法，从中我们可以清晰地看到华为组织激活的脉络和一整套激活组织的体系，这是华为赖以生存的法宝，是华为管理方法区别于其他公司的体现，华为的管理将自然科学与社会科学结合，自成体系，独树一帜。

华为是独特的，无论是它的成长速度，还是惊人的爆发力，无论是它的管理思想，还是企业文化，无论是任正非本人，还是华为员工，都是独一无二又出类拔萃的。华为经过 30 多年的发展，积累了大量宝贵的管理经验和心得，组织激活仅仅是从一个侧面总结了华为成功管理的脉络，无法概括华为的全部。但组织激活是最能体现华为本色的词汇。无论何时何地，总能看见华为员工不辞辛劳、不断进步、勇攀高峰的奋斗场景：在无数国际航班上，在琳琅满目的展会上；在遥远的南北极，在耸立云天的珠穆朗玛峰；在酷热难耐的几内亚，在冰雪覆盖的西伯利亚；在蚊虫肆虐的刚果，在战火不断的伊拉克；在辽阔壮美的东非大草原，在风景如画的阿尔卑斯山脉；在巴西热带雨林的深处，在俄罗斯沙沙作响的白桦林间……无数勤劳、奋斗、充满活力和斗志的普通英雄，改写着世界的通信史，描绘着数字世界的未来。

激活组织，群体奋斗，通过组织能力取胜是华为管理的核心。聚焦于产粮，增加土壤肥力，以客户为中心是华为奋斗的目标和方向；注重落地，打造战略执行力是华为保持战略定力，实现战略目标的有效途径；始终开放，学习一切先进经验是华为海纳百川的心胸；打破平衡，差别激励，不让“雷锋”吃亏，以奋斗者为本是华为持续奋斗的不竭动力；厚积薄发，矢志不渝，是华为耗散无效能量，逆势做功，建立新势能的发动机；戒骄戒躁，谦虚谨慎，坚持自我批判是华为惶者生存的压舱石；管好干部，抓主要矛盾和矛盾的主要方面是华为组织激活的关键动能；持续组织变革，减少无效劳动，提升组织效率是华为组织从无序到有序的有力保证……这一切构成了华为的耗散结构，构建了华为独具特色的活力引擎模型，为华为不断前进和发展提供了源源不断的动力。

组织激活，是华为成功的最大秘密！

致谢

在我的职业生涯中，我最想感谢的是华为以及华为的创始人任正非先生。在华为，我学会了很多有利于职业发展的技能，在华为工作的几年磨砺了我的性格，开阔了我的视野，锤炼了我的心智，让我受益终生。

任正非先生是我一生中最敬重的人，虽然在华为工作的时候，与任正非先生见面很少，但任正非先生仍然如慈父般温暖，使我备感亲切。任正非先生高屋建瓴、旁征博引、引经据典，常常一语中的，发人深省。我深感惭愧，未学到任正非先生的万分之一，唯有表达敬仰和感激，以示尊重！

感谢我的好搭档，同是华为原同事的尹阳和刘晓岚，他们对本书稿进行了校正和修改，并提出很多宝贵的意见和建议。

感谢中信出版社的编辑王晓春，她提出许多宝贵建议，使本书的内容更加丰富、严谨。

感谢读者朋友的信任，希望本书能够给您的工作和生活带来一些帮助，欢迎大家批评指正！

彭小勇

参考文献

[1] 华为大学．熵减［M］．北京：中信出版社，2019.

[2] 黄卫伟．以客户为中心［M］．北京：中信出版社，2016.

[3] 黄卫伟．以奋斗者为本［M］．北京：中信出版社，2019.

[4] 吴晓波，约翰·彼德·穆尔曼，黄灿，等．华为管理变革［M］．北京：中信出版社，2017.

[5] 青云．王者无畏［M］．北京：中国财政经济出版社，2014.

[6] 田涛，殷志峰．厚积薄发［M］．上海：生活·读书·新知三联书店，2017.

[7] 田涛，殷志峰．枪林弹雨中成长［M］．上海：生活·读书·新知三联书店，2017.

[8] 毛泽东．毛泽东选集：第一卷［M］．北京：人民出版社，1991.

[9] 田涛，吴春波．下一个倒下的会不会是华为［M］．北京：中信出版社，2012.